VOCABULAIRE

DU PATOIS

DU PAYS MESSIN

PAR

Eugène ROLLAND

(Extrait de la *Romania*, t. V)

PARIS

1876

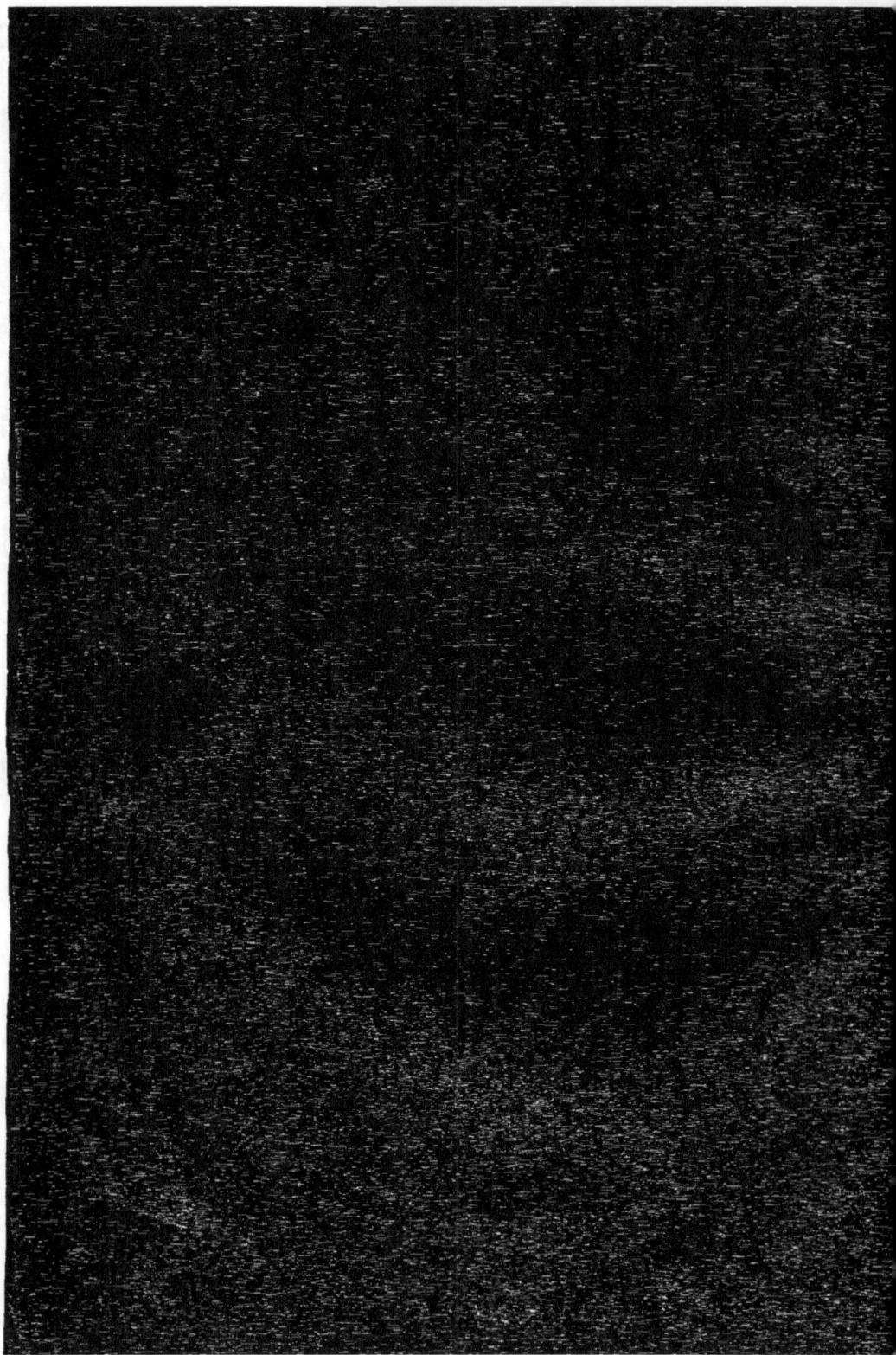

VOCABULAIRE

DU PATOIS DU PAYS MESSIN

COMPLÉMENT.

J'ai publié dans le tome II de la *Romania* le Vocabulaire du patois de Rémilly (pays messin). J'ai eu depuis l'occasion de le compléter et aussi de recueillir quelques renseignements sur le patois de Woippy (près Metz) et sur celui de Landroff (près Faulquemont). Le petit travail qui suit contient le résultat de mes nouvelles recherches [1].

On y trouvera :

1º L'exposition des différences principales qui distinguent le parler de Woippy et le parler de Landroff de celui de Rémilly [2].

2º Un vocabulaire comprenant les mots de Rémilly omis dans ma première liste, et un certain nombre de mots usités à Woippy ou à Landroff.

3º Des spécimens de conjugaison.

Je reproduis ici, avec quelques modifications nécessitées par une étude plus minutieuse des faits de phonétique, la clef de l'orthographe que j'ai adoptée.

VOYELLES.

a   est une voyelle brève dont le son est intermédiaire entre *a* et *o* français.

ä   est une voyelle dont le son est intermédiaire entre *a* et *é* ou *è* français. C'est l'*a* du persan moderne tel qu'il se prononce dans

---

1. M. Nicolas Butin, de Rémilly; MM. Auguste, Félix et Emile Gandar, de Flocourt, ont bien voulu m'aider pour ce qui concerne le patois de Rémilly et des environs immédiats. Tout ce qui est relatif au patois de Landroff m'a été communiqué par M. Eugène Pougnet, de Landroff.

2. Les villages qui, à ma connaissance, parlent le même patois qu'à Rémilly (en pat. *Rèmli*) sont : Béchy (*Bèhi*), Luppy (*L'pi*), Flocourt (*Fiôco*), Aubecourt (*ôbcô*), Adaincourt (*Adīco*), Vittoncourt (*Vitôco*), Voimhaut (*Uèmhô*), Chanville (*Hhävèl'*), Ancerville (*äsrèvèl'*), Lemud (*L'mü*), Sorbey (*Sarbē*), Dain-en-Saulnois (*Dī*).

pédar (père), *dah* (dix), *man* (je, moi), dans les désinences parti-
cipiales *–ta*, *–da*, etc. Je dois cette observation à M. Stanislas
Guyard [1].

J'ajouterai que cet *ä* me semble être celui que l'on entend dans
le bêlement des moutons (qu'on pourrait très-bien rendre par *bä*
ou *mä*) ; mais le son en est moins prolongé.

é   se prononce comme en français dans les mots *lié, cédé, bébé, blé.*

è   se prononce comme *e* français dans les mots *cerf, tel, sujet, sujette,*
        bec, renne.

ê   se prononce comme en français. Ce son se rencontre rarement.

ë   se prononce, même quand il est final, comme *e* français dans *chemin,*
        demain, besoin, je, me, te, se.

i   a la même valeur qu'en français.

o   se prononce comme dans les mots français *croquer, police.*

u = *ou* français.

ü = *u* français. En patois messin, il est généralement long.

ī, ō = *î, ô* français.

ū   est la longue de *u* (= *ou*).

ö   se prononce comme *eu* français dans *peu, ceux, queue, morveux.*

ã, ĩ, õ = *an, in, on.*

ā   représente *â* long français. Il est connu à Woippy et à Landroff,
        mais pas à Rémilly [2].

SEMI-VOYELLES.

Devant une voyelle, les lettres *i* et *u* ont la valeur de semi-voyelles ;
i = *j* allemand et *u* = *w* anglais.

DIPHTHONGUES.

ōu dans cette diphthongue l'*u* se perçoit à peine.

au cette diphthongue se prononce comme en provençal.

èy' se prononce comme *ay'* dans les mots français *paye, rayon.*

ay et *äy'* se prononcent comme *ay* dans *Bayonne* (sauf la valeur de l'*a*).

oy' se prononce comme *oy'* dans *goyave, boyard.*

(*l mouillée* n'existe pas dans le patois de Rémilly, par conséquent les
        syllabes *ail, aill, oil, oill, uil, uill, èil, èill,* etc., qui se trouvent
        dans la première partie de mon travail (*Romania* 1873) doivent
        être remplacées par *ay, oy, uy, èy,* etc.)

---

1. Voir sur la prononciation de cet *a* en persan Polak, *Persien, Das Land
und seine Bewohner,* Leipzig 1865, t. I, p. viij.

2. C'est par erreur que j'ai dans mon premier travail donné *ã* comme appar-
tenant au pat. de Rémilly.

CONSONNES.

b, ch, d, f, j, l, m, n, p, r, v, y, z, ont la même valeur qu'en français.

c   a partout la valeur de *k.*

g   a partout la valeur gutturale de *gu* français.

h   est toujours aspirée.

hh est une *h* très-aspirée, se prononçant comme le *hha* arabe. On l'obtient en essayant de prononcer deux *h* consécutives ; *hh* très-aspirée se distingue très-bien de *h* simplement aspirée quand elle est initiale. Au contraire quand *h* ou *hh* se trouvent entre deux voyelles, après une consonne, ou à la fin des mots, il est difficile de savoir auquel des deux sons aspirés on a affaire. La règle que je me suis imposée d'écrire *hh* après une consonne ou à la fin d'un mot, et *h* entre deux voyelles ne répond à rien d'absolu [1].

ñ = gn, comme en espagnol.

—˜ représente une résonnance nasale, correspondant à l'anusvāra sanscrit, résonnance analogue à celle que font entendre les méridionaux dans *aman,* les Anglais dans *mutton.*

s   a partout la valeur de *ç, ss.*

ABRÉVIATIONS.

        m. = masculin.

        f. = féminin.

        plur. = pluriel.

        prov. = proverbialement, proverbe.

        L. = Landroff.

        W. = Woippy.

        R. = Rémilly.

Dans le vocabulaire, tout mot non suivi de W. ou de L. appartient au patois de R.

Différences entre le patois de Woippy et celui de Rémilly.

VOYELLES.

a de R. n'existe pas à W. Partout où l'on trouve *a* à R., on trouve *o* à W. Ex. :

R.	W.	Franç.
ay'	*oy'*	oui
afã	*ofã*	enfant

---

1. Je crois, en orthographiant ainsi, rendre assez exactement la prononciation habituelle de l'aspirée *h.* Toutefois cette dernière varie selon les mots et selon les individus qui parlent.

R.	W.	Franç.
ba	*bo*	crapaud
chauat'	*chouot'*	chouette
gral'	*grol'*	grêle
s'atö	*s'otö*	c'était
l'a	*l'o*	il est
auë	*ouè*	avoir
s'épayë	*s'époyë*	s'appuyer

ä de R. n'existe pas à W. Il est remplacé par l'*ā* long français.

R.	W.	Franç.
ätrèy'	*ātrèy'*	cimetière
èmäy'	*èmāy'*	aimée
ädië	*ādié*	aider
brär'	*brār'*	pleurer
chä	*chā*	viande
bäsèl'	*bāsèl'*	fille
cuäl	*cuäl*	caille
j'ä	*j'ā*	j'ai

ë de R. est représenté à W. par *ë*, *è* et *é*. Ex. :

1º *ë* se trouve dans les deux patois.

R.	W.	Franç.
brëhh	*brëch*	brosse
crëc	*crëc*	cruche
cëmë	*cëmé*	écumer

2º *ë* est représenté par *è*.

R.	W.	Franç.
fë	*fè*	fils
fëy'	*fèy'*	fille
ätèr	*ātèr*	entre
bërä	*bèrā*	bélier
bëyär	*bèyār*	verrat
d'fië	*d'fiè*	dehors

3º *ë* est représenté par *é*.

R.	W.	Franç.
bozrë	*bozré*	barbouiller
chïjë	*chïjé*	changer
brïjë	*brïjé*	hameçon
l'ë	*l'é*	il a

Les infinitifs et les participes passés terminés en *ë* à R. sont terminés en *é* à W.

CONSONNES.

hh ou *h* de R. est régulièrement représentée à W. par *ch*. Ex. :

R.	W.	Franç.
hhür	chür	suivre ou sûr
hhala	cholo	noix
hho	chō	sourd
hhihh	chich	six
hhŏdür'	chŏdër'	ortie
gèhō	gèchō	garçon
con'hhü	con'chü	connu
cëhh	cëch'	cuisse
conahh	conoch	connaître
cohh	cōch	court
fōhh	fōch	four

EXCEPTION. — Quand *hh* (ou *h*) de R. tient la place du son *z*, elle est représentée par *j* à W.

R.	W.	Franç.
èrtëhō	èrtëjō	artison, mite
cühèn'	cüjèn'	cuisine
dëmhhal	dëmjol	servante
j'cühā	j'cüjā	nous cuisons
mōhō	mōjō	maison
dihh	dij	dix
ähïë	ājïé	aisé

Autre exception. — On trouve encore *j* de W. = *hh* de R. dans les mots:

R.	W.	Franç.
dühh	düj	dur
mühh	müj	mur

Différences entre le patois de Landroff et celui de Rémilly.

VOYELLES.

ä de R. est généralement représenté à L. par *ā* (= *â* long. français). Exemples:

R.	L.	Franç.
bäsèl'	bāsèl'	fille
èmäy'	émāy'	aimée
piähi	plāhi	plaisir
j'ä	j'ā	j'ai
jë fä	jë fā	je fais
grävis'	grāvis'	écrevisse.

è de R. est souvent représenté par *é* à L. Ex. :

R.	L.	Franç.
alŏdrèl'	érŏdrél	hirondelle

2

R.	L.	Franç.
èmi~	émi	ami
lèyʾ	léyʾ	elle
mècërdi	mécrëdi	mercredi
pètĕré	pétüré	pâtureau
uèré	uéré	taureau

ë de R. est tantôt conservé à L., tantôt représenté par *i* ou par *ö*. Ex. :

R.	W.	Franç.
rëpë	rëpsé	roter
sëvīrʾ	sëvīrʾ	civière
më, të	më, të	moi, toi
fïë	fïë	dehors
bëyär	biyār	verrat
ëñō	iñō	oignon
trëcatʾ	tricatʾ	jarretière
cëña	ciña	petit coin
rësënë	rësinē	souper une seconde fois
lïëf	liöf	lièvre
sëc	söc	sucre
crëyʾ	cröyʾ	craie
ëtëyʾ	étöyʾ	outil

ë qui termine presque tous les infinitifs et les participes passés à R. est remplacé à L. soit par *é*, soit par *i*. Ex. :

R.	L.	Franç.
framë	framé	fermer, fermé
trëvë	trové	trouver, trouvé
hauë	haué	piocher, pioché
cayë	cayi	secouer, secoué
cäyë	cāñi	loucher, louché
bèyë	bèyi	donner, donné
fōchë	fōchi	fâcher, fâché
chījë	chīji	changer, changé

o de R. est souvent représenté par *u* à L.

R.	L.	Franç.
cozi~	cuzi~	cousin
poyʾ	puyʾ	poule
soti	suti	à la maison
cor	cur	courir
ovri	uvri	ouvrir

ū de R. est souvent représenté par *ō* à L.

R.	L.	Franç.
cūn	cōn	corne

R.	L.	Franç.
pū	pō	peu
fūn	fōn	tige (de pomme de terre)
hūtë	hōtë	cesser
rlūj	rlōch	horloge
rūtë	rōtë	ôter
fūr	fōr	fort

CONSONNES.

j de R. est souvent remplacé à L. par *ch*, à la fin d'un mot.

R.	L.	Franç.
rlūj	rlōch	horloge
mënéj	mënéch	ménage
mèriéj	mériéch	mariage
motïj'	muatāch	culture mélangée

l précédé d'une consonne s'est maintenu à L. tandis qu'à R. il s'est changé en *i*. Ex.

R.	L.	Franç.
fïöv	flöu	conte
piör	plür	pleuvoir
füita	flüita	sifflet
piähi	plāhi	plaisir
bia	bla	blet
bioc	bloc	boucle

VOCABULAIRE.

A

ābänë débraillé, mal vêtu.

äbarjë disjoint, qui a des fentes.

ābèg'në embarrasser.

ābèhh f., récipient quelconque. A Plénois, près W. *ābëch*, panier très-profond.

ābërlōdë éperdu, effarouché, qui ne sait plus ce qu'il fait.

ābrōuo, ābrauo embarrassé.

ābrüsië qui ne vient pas à maturité (se dit du blé).

ācëlë difforme des jambes.

äch' cë cë jusqu'à ce que.

āchautë mal peigné.

āchèchë, āchèchlë mettre en sac.

āchōs'në chauler (le blé).

ācocomiō āsan' (ét') être bien ensemble, faire bande à part, être compères et compagnons.

ācrëhhlë entrelacé.

ācrëtōl' f., encrier.

ācrobië, ācrëbië enmêler (du fil, etc.)

ācuähië (s') s'accroupir, se baisser.

ācünië entasser, presser fortement, serrer fortement (de la pâte, de la terre, etc.)

āfèmë affamer, être affamé.

On dit prov. *i vō mië fär i buī*

r'pè cë d'ãn' ãjèmë dus' = il vaut mieux faire un bon repas que d'en faire deux où l'on ne mange pas assez.

ãfèrnähië pressé, empressé, qui veut faire son ouvrage trop vite. A W. *ãfèrnãjié.*

ãfètnë, ãfètmë envenimer, empirer (par exemple un mal).

ãgõ m., graisse pour les voitures.

ãgõgrië invétéré, empiré (en parlant d'un mal).

ãhãbë enjamber, faire de grands pas.

ãhatë embarrassé, embourbé (se dit d'une voiture qui ne peut plus avancer). A W. *ãhoté.*

ãhèn' f., semaille du blé.

ãhèrhëlë effaroucher, disputer.

ãhërië ahuri.

ãhëvlë qui a les cheveux ébourriffés.

ahhnë ourler. A W. *ochné.*

ãhhtiī m.. imbécile, maladroit.

ahiõ m., noyau. L. A W. on dit : *ouñõ.*

ãhõché flanquer une pile à quelqu'un, le rosser. W.

ãjalë geler (verbe transitif).

ãjë communiquer la contagion à quelqu'un (verbe transitif).

ãjèrtë qui a des crampes dans les jambes (se dit des cochons).

alcof f., alcôve. R., W.

ali~giès' f., alun; à W. *oli~giès'.*

alivat' f., chose de peu d'importance, niaiserie.

almèñ' f., lame de couteau. A Sanry, près R., on dit *armèn'.* A R. on dit prov. quand un individu a fait un mauvais marché, un échange désavantageux : *l'ë chĩjë s'coté po ën' almèñ'* = il a changé son couteau pour une lame de couteau.

ãlõdë (*ét*) avoir mal aux reins, avoir une courbature, avoir un tour de reins.

ãlõt' f., éclair, foudre ; à W. *ãlut'.*

ãlünë maniaque, qui a des lubies, à moitié fou ; à W. *ãlüné.*

ãm' dë fèhi~ f., menu bois que l'on met au milieu d'un fagot.

ãmënuatäy' f., se dit d'une fille qui a été gâtée, choyée par ses parents.

ãmi au milieu.

amlèt' f., omelette ; à W. *èmlet'.*

ãmohië amorcer, enjôler.

ãmohiu m., enjôleur.

ãnärmã entièrement.

ãnöhh m., individu dont on ne peut se débarrasser, importun.

ãnovrë qui a du travail à faire, qui est occupé.

ãpautõ m., épouvantail ; à W. *ãpoutõ.*

ãpélë enflammer, faire flamber ; à W. *ãpélé.*

ãpölë qui a l'épaule démise.

ãpoyë chargé de fruits (se dit des arbres ; se dit aussi d'un pré bien garni d'herbe).

ãprëm maintenant, à cette heure. L. W.

ãpuéz' f., gaude, herbe dont on se sert pour durcir la toile d'un lit de manière à ce que la plume ne passe pas à travers.

är dõ jo m., aurore ; à W. *är dõ jo.*

arã ! allons ! en avant ! mot usité à Château-Salins.

armõ m., poitrail du cheval.

armonèc f., almanach ; à W. *èrmonec,* f.

ãrõcië enrouler, entortiller, entrelacer.

ãsif, ãsīv' f., gencive ; à W. *ãsīv'.*

ãsoy' m., imbécile, étourdi.

ăto avec, *ăto më*, avec moi. Mot usité à Herny.

ăton' f., commencement (d'un récit).

ătrèpë embarrassé, entravé. Se dit d'un cheval pris dans ses traits.

ătrimolé empêtré, entremêlé. W.

ătripoyë entortillé, emmêlé.

ătünë assourdir, ennuyer par du bruit, des paroles ; à W. *ătüné*, qui a perdu la tête (pour avoir bu).

ătüs' f., prétexte, mensonge.

B

babré m., gamin ; à W. *bobré*.

băc m., banc. R. W.

bacaué m., têtard de grenouille : à W. *bricaué*.

bacay' f., belette, L.; à W. *bocol*.

bacë tinter : se dit d'une cloche qu'on sonne seule d'une manière continue, par ex. pour un incendie ; à W. *bocé*.

bacé boiter. L.

baciō m., bûcheron ; à W. *bociu*.

bacnīr' f., chambre avec de grandes cheminées pour fumer le lard.

bādriäy' f., bande, troupe (de gens, etc.).

bagiä m., bègue.

bagië bégayer ; à W. *bogié*.

bähō (*ō*) au grand air, en plein vent ; *l'ohh a ō bähō*, la porte est au grand ouverte.

bähür' f., place où deux miches de pain se sont trouvées en contact dans le four ; à W. *bäjür'*.

barië taper, frapper, remuer continuellement (se dit particulièrement d'un cheval).

bat ō diäl! exclamation signifiant : va te promener ! allons, bon ! patatra ! etc.

bat ōz ōt' même sens.

bäté m., grabat, mauvais lit ; à W. *bāté*.

bāuä m., garde champêtre. L.

bauat' f., roquet, petit chien qui n'est bon qu'à aboyer.

bayō m., ulcère, bouton à la tête. On dit prov. *i së rdras' com i pü sü i bayō* d'un individu qui fait le fier.

bëcäy' (*ën'*) un peu, une petite part, une miette.

bëcré m., pointe du soulier ; à W. *bècré*.

bëchté m., vaisselle, armoire où l'on met la vaisselle ; à W. *bëchté*, récipient quelconque.

bèdèl' f., cheville de fer qui règle une charrue.

bëdén' f., oseille sauvage.

bédü peut-être.

bèg'not' f., cuiller en bois pour faire les confitures. W.

bëhèñ' f., attache pour les vaches.

bëhhlë tousser ; *i bëhël'* il tousse ; à W. *bèhöté*, tousser.

bëlas' f., coup, bosse à la tête. On dit aussi *bolas'*.

bémīr so se gâter (se dit du bois).

bèrbozë barbouiller ; à L. *barbozé*.

bergat' (*ën*) f., un brin, une miette, un peu.

bërgäy' ou *brëgäy'* (*ën*) une miette, un peu, un tantinet.

bëriō m., selon les uns un petit cochon, selon d'autres un petit bélier, ou un petit taureau.

On m'a assuré aussi que c'était un quelconque de ces trois animaux quand il était petit et chétif.

bërläsé (*lé matō sō ä*) le lait caillé n'est pas pris (ce qui arrive quand il fait très-chaud ou très-froid).

bërlat' f., petite cloche, montre, horloge qui ne va pas; à W. *bèrloc* f.

bërté m., tamis pour la farine.

bërtënë gronder, grommeler.

bërtrèl' f., bretelle.

bërtrèl' f., partie du cochon où l'on a coupé le jambon. R. W.

bërtür' f., huche au pain, coffre où l'on met la farine, le son, etc.

bët' f., écorce repliée en deux au moyen de chevilles de bois, dont se servent en guise de panier les enfants pour aller chercher les fraises.

bètã grūr m., pie grièche, oiseau.

bètis' f., petit lait de beurre; à L. *batis'*.

Bëtmi Barthélemy, prénom.

bètür' f., bout du fléau. R. W.

bèvrèy' f., écurie des bœufs.

bèvrō m., grange aux dîmes. Ancien terme dont on a conservé le souvenir.

bëyã ou *bëyăt'* m., mot injurieux employé par euphémisme au lieu du mot *bëyar* = verrat; au lieu d'être une injure, c'est presque un terme d'amitié.

bëyi bouilli (part. passé).

bëzō ou *bēzōu* f., instrument en fer, contourné, assez long, qui servait autrefois de clef pour fermer ou ouvrir les portes extérieurement.

bëzuatë faire petite besogne.

bëzuatrèy' f., chose de peu de valeur; objet sans importance; travail de peu d'importance.

biãchrèy' f., blanchisserie.

bic è boc tête bêche, en sens inverse. W.

bicbosié qui est tête bêche, en sens inverse. W.

bich m., berceau. W.

bichi baiser, embrasser. L.

bichié bercer. W.

biosü m., lieu où l'on fait mûrir les fruits. W.

bīr f., bière. R. L.

biurat' f., pluche, saleté qui s'attache aux vêtements.

blã bona m., fille, femme. L.

blāy' (*dé*) f. plur., de la bouillie.

blēy' bleu.

blot' f., blouse. Ce mot est employé à Vigy, Retonféy, etc.

bō Dië m., tourniquet d'une voiture de foin (ainsi appelé parce qu'il forme une croix). R. W.

bō d'été m., fil de la Vierge, filandre.

bō dë glōr m., clématite des haies. L.

bō lühi m., genêt, plante.

boc m., bouton à la lèvre.

boc (*făr lé*) bouder; m. à m. faire les boucs.

bōcë viser, espionner, jeter un coup d'œil.

boch' f., bouche. R. W.

boché frapper. W.

bochō m., porte du four; à W. *bōchō*, m.

bocsën' f., espèce de salsifis sauvage dont on mange la racine crue.

bōcül' f., espèce de longue poutre au bout de laquelle il y a un seau. Cet assemblage placé près d'un puits sert à tirer de l'eau; pour cela on fait basculer la poutre. La veille du jour de l'an, au coup de minuit, on y suspend des rubans et des œufs. Le garçon qui est arrivé le premier pour cette opération est sûr de se marier dans l'année.

bodé (*t'ã é*) tu en as menti. R. W.

bodnür' f., tuyau servant à faire le boudin.

bodré masc. plur., lait tourné.

bohhlo m., bûcheron. Mot usité à Norroy.

bōlat' f., baleine (de parapluie, de crinoline).

bōlén' f., hydrophile ou dytisque, insecte aquatique.

bolië se dépêcher.

bölu qui a les yeux chassieux; au féminin *bölūz'*.

bosa m., paquet de chanvre de rebut que l'on met sur la quenouille.

bosé m., étui du faucheur. W.

bōt' f., borne. R. W.

bot' ā brè m., gâteau percé.

botië qui a des boutons sur le corps.

botü m., boutoir, instrument qui sert à ferrer les chevaux.

boy' f., ampoule. W.

bōya m., bâillement.

bōyäy' f., cri, hurlement.

bōyë crier, jeter des cris, hurler. On dit d'un individu qui crie fort : *i bōy' com in' èvül c'ë pëdu so batō.*

bōyë bâiller.

bōyü m., baillon.

brac f., instrument à deux lames pour rompre le chanvre L.; à W. *broy'* f.

brădō m., repas de réjouissance à l'occasion d'un baptême.

brāyat' f., ouverture du pantalon; volet des pantalons de l'ancien temps; à W. *brāyot'* f.

brè dë hhèmé m., *chahō* de devant d'une voiture (voy. le mot *chahō*).

brëhu m., gourmand.

brël' m., odeur de brûlé. R. W.

brëscëñë toucher à tout, faire le tâtillon, s'occuper à des bêtises, à des riens.

brétë gêné.

brèzat' f., petite braise.

brëzië toucher à tout, faire le tâtillon, faire du mauvais ouvrage, s'occuper à des bêtises.

bribu m., gueux, vagabond. On dit prov. *vië chèsu, vië bribu.*

brihü m., instrument à une lame pour rompre le chanvre; à L. *brij* f.

briji rompre le chanvre avec la *brij*, L.

brobiō ou *brëbiō* m., bouton (à la figure, à la peau).

brōcha (făr lo) se dit du mâle de l'oie qui fait le beau près de sa femelle et par extension se dit des hommes et des femmes qui font des manières.

brōchë tremper un instant un linge dans l'eau et le retirer aussitôt.

brōdnë bourdonner.

brua m., *lätuär* à peine cuit (Voyez au mot *lätuär*).

brua m., boue. Ce mot n'est employé que dans le prov. agricole suivant :

> *Bié ō pusa,*
> *Auén ō brua.*

ce qui veut dire qu'on doit semer le blé dans un terrain meuble et sec, et l'avoine dans une terre bien humide.

bruădén' f., quelque chose de mal accommodé, de mauvais à manger. R. W.

bruë presque brûlé.

brusa m., os percé qu'on fait tourner avec bruit au moyen d'une double ficelle L.; à W. *brüyom.*

brüsië, brüs'në, brüsiatë verbe employé pour indiquer qu'il tombe une pluie fine.

budräy' f., tâche que l'on se donne à remplir; bout d'ouvrage.

bué bon W.

buèvu m., buveur W. ; à L. *buévu*.

bühŏ m., brusque, emporté.

bui m., buis, arbuste.

bül' f., feu de la Saint-Jean. On croit qu'un charbon ramassé dans ce feu et jeté dans un champ d'oignons les fait devenir énormes.

būlë s'écrouler, s'ébouler. On dit d'une vache dont la matrice sort *èl' būl'*.

burach' f., bouchon de chiffons en tiretaine qu'on allume pour faire périr les abeilles dont on veut prendre le miel.

buri ! buri ! cris pour appeler les oies.

büs' (*lè buäy a ä*) se dit quand la lessive commence à sécher dans le cuveau ; c'est alors le moment d'y remettre de l'eau.

bütë m., mur circulaire qui entoure un puits.

C (= K partout).

ca quand.

ca encore ; à W. *co*.

cābŏ m., cambouis.

cābé m., mauvais produit. Ce mot sert d'injure.

cābŏ m., écuelle de bois.

cābrèy' f., nuage qui annonce le beau temps. Un nuage qui annonce le mauvais temps s'appelle *lè mŏ cābrèy'* f. (mots usités à Bacourt).

cacië caqueter (se dit des poules qui veulent pondre).

caclijŏ coquelicot, L. ; à W. *coclijŏ*.

cahhlès' f., éclat de rire.

calboti~ m., panier d'osier ou boîte en carton à l'usage des couturières.

calèt' f., calotte, bonnet sans visière.

Calich' Nicolas, prénon. On dit aussi *Lilich'*.

calonië soldat de cavalerie.

Calor Nicolas, prénom.

cañi loucher L.

cāpus' f., poursuite, chasse.

cāpusië poursuivre quelqu'un ; donner la chasse à quelqu'un.

cäs' mĕzé m., gâteau fait avec des quartiers de pomme. Selon d'autres personnes, espèce de gâteau, biscuit.

caui m., étui où l'on met la pierre à aiguiser la faux.

cè mä. Je ne connais ces mots que dans le proverbe suivant : « *si lé bié dĕmuèr ŏ chä, léz auèn' n' ä pëy' cè mä* », c. à d. si les blés restent aux champs, les avoines *n'en peuvent mais*. Quand une fille aînée ne se marie pas, cela ne doit pas empêcher la cadette de se marier.

cĕmras' f., écumoire.

cĕnië m., gâteau des rois, gâteau à quatre coins.

cĕnië mettre dans un coin.

cĕniŏl' f., rose trémière.

cĕnsé m., espèce de selle dont on se servait autrefois.

cĕpé cracher, W.

cĕpèl f., sommet d'un arbre, d'un édifice.

cĕpot' f., crachat, salive, W.

cĕpsat' f., petite tête de chou, chou mal venu.

cĕriatë prendre par petites cuillerées ; à W. *cĕrioté*.

cèsot' f., pot pour mettre le lait après qu'il est passé, W.

cĕvat' f., petit cuveau de lessive à deux anses.

cĕvëy' f., litière ; à W. *cĕvèy'* f.

cĕvey' (*è lè hŏs*) ou *è lè hŏt*) précipitamment, à la hâte, vite et mal.

cëvië donner la litière ; *cëvië lé p'hhé* donner la litière aux cochons.

cëy'bat' f., quelque chose qui n'est ni solide ni liquide, fromage blanc.

cëyèy' f., clef de porte.

cëyèy' f., cuiller ; à L. *ciyi* f.

cëy'ri m., coin non nettoyé.

cëzasië remuer vigoureusement ; à W. *cèzăsié* faire marcher, faire aller.

cëzăsō f. activité.

cëzië chasser, pousser.

chă (i) m., un imbécile, un hans.

chăbës' m., synagogue.

chac ! exclamation pour indiquer qu'on s'est brûlé les doigts ; à W. *choc !*

chacë (so) se brûler (les doigts, etc.).

chădöl' f., chandelle. Au plur., la fête de la Chandeleur. R. W.

chafō ! ou *safō !* mot d'enfants jouant à la cachette qui prévient celui qui cherche que l'on est caché.

chagrëñō m., individu difficile pour la nourriture.

chahō m., bois qui recouvre les essieux, servant à maintenir les clefs ou les bras d'une voiture.

Chăla Charles, prénom.

chălat' f., fricassée de viande hachée.

chalăt' f., espèce de galette. L.

chăni⁓ m., ossuaire, charnier ; à L. *chăni*.

chaponié (so) se battre, se quereller. W.

chaponi⁓ m., cage en bois où l'on met engraisser les volailles.

chaujō m., pommier sauvage. C'est probablement le mot *sauvageon*.

chauo ou *chauë* loger, contenir.

chauō m. plur., résidu du saindoux

servant à faire le boudin : morceau de lard rôti ; à W. *chouŏ*.

chè hërā m., chouette, hibou. W.

chècha m., petit sac.

chëchlë chuchoter.

chèfsèn' f., corde pour conduire paître les animaux ; à W. courroie pour attacher les chevaux à la mangeoire.

chël f., soif ; mot usité à Herny.

chëmhat' f., chemise.

chëmi⁓ dë Sī Jäc m., voie lactée.

chëñë pleurer, pleurnicher ; à Metz on dit : *chigner (chiñé)*.

chèrăy' f., charretée, voiture pleine.

chèsā gourmand, friand. On dit prov. *Chă bon' afă, ca l'a sō, i n'a m chèsā*, c.-à-d. Jean est bon enfant, quand il est repu il n'est pas gourmand.

chèy'ri m., céléri.

chiauti m., cloutier.

chic f., boule de pierre ou de terre cuite dont les enfants se servent pour jouer.

chici (së) se conduire (bien ou mal), L. ; *i s'é mō chici*, il s'est mal conduit ; *chicé-v*, conduisez-vous bien.

chiël' f., échelle, W.

chō m., chou. On dit prov. *s'a chō po jot'*, c.-à-d. c'est chou pour chou, c'est la même chose ; *jot'* a aussi le sens de chou.

chō ; chot' sourd ; sourde, W.

chōcë sü lo răvayü renchérir, exagérer.

chōdër f., ortie, W.

chōdrat' f., marmite en fer blanc dont on se sert pour porter à manger aux travailleurs des champs.

chōfié souffler, W.

chŏlëhh m., appareil adapté à un tuyau de poële pour faire cuire des pommes de terre.

chŏt' sèri f., chauve-souris, W.

choué laver, essuyer, W.

ch'tŏ m., essaim.

chu ! exclamation pour indiquer qu'on a froid. R. W. Se dit surtout quand on touche avec la main quelque chose de si froid qu'on est obligé de la retirer.

chvŏdrè m., trépied pour mettre le tonneau à lessive.

chvŏdrī m., ce qui supporte les poutres d'une toiture.

ciachi m., clocher.

cicăy' f. plur., débris de vaisselle cassée, débris de poterie ; à W. *cicāy'* f.

cïemsü ou *cëmsië* m., régulateur d'une charrue.

ciëpŏ m., crachat.

cièvot' f., espèce de chaîne dont on se sert pour la charrue, W.

cīri ! cīri ! c'est par ces cris qu'on appelle les canards.

clŏbosië éclabousser, L. ; à W. *ciŏbosië*.

cnèp' f. plur., boulettes de farine, de lait et d'œufs cuites dans l'eau.

cocat f., casserolle.

cŏcat' f., rapporteuse, cancanière.

cŏcël f., espèce de gâteau que font les Juifs.

cocrŏ m., mite de la farine et du son.

cŏcsŏ m., imbécile.

codèl (*l'ë ètü è mè*) il a été sous ma coupe, sous ma direction, à mon école.

çod'lë tordre une corde, une ficelle.

codŏ m., brassée de chanvre raffiné préparée pour la quenouille.

cofié écosser des fèves, W.

cŏha gilet.

cŏhh bande de lard.

cohië écorcher.

cŏlnë tourner autour du pot, lambiner, s'amuser à des bagatelles.

colti˜ m., espèce de gilet ou de veste.

colü m., linge servant à passer le lait que l'on vient de traire. R. W.

com ōs a s effectivement, en effet, c'est comme ça, comme de juste.

comās' f., commencement, L.

comië (*so*) se loger, se serrer, se caser.

comüz' f., affront.

conăy' f., blague, farce, moquerie.

cōniă qui a la consistance de la corne ou du cuir.

coniöl f., cornouille, fruit.

copét' f., sommet (d'un arbre, etc.)

copiŏ dë l'mīr m., réceptacle de l'huile des anciennes lampes à crémaillère.

cŏpŏ m., reste de bois brûlé, tison qui a déjà brûlé ; à W. *cupŏ* m.

corë ; corăy' bien portant ; bien portante.

cŏriès, cūriès flexible, actif, agile.

coriŏ m., lait caillé cuit.

coriŏ m., ancienne bourse qui servait de ceinture.

cornăr qui n'entre pas facilement (se dit d'une cheville ou de clous qui ne sont pas droits).

cŏrö, corëy' m., terre forte, terre argileuse, terre du sous-sol.

coron' f., sommet d'un arbre, W.

coron' de Sī Bèrnăr f., arc-en-ciel.

corponat' f., cime (d'un arbre, etc.).

cōsiu m., conseilleur. On dit prov. *s' n' a m̀ lé cōsiu lé pèyu*, ce ne sont pas les conseilleurs qui sont les payeurs.

cot (in' si) cela n'y fait rien, c'est égal, c'est indifférent. Ne connaissant pas l'origine de cette locution, je ne sais comment orthographier. Doit-on écrire in'sicot' en un seul mot ?

cŏt m., coude, W. ; à R. et à L. cot.

cŏtië suivre de près, ne pas perdre de vue.

cotré m., coude.

cŏu f., queue, W.

covŏ m., paquet de chiffons au bout d'une perche qui sert à retirer la braise du four.

covras' f., constellation. Probablement celle qu'on appelle en français le Poulailler.

covüs (i nië) un œuf gâté, pourri ; à W. covis (i nië).

coyär m., pièce de bois servant à charger d'autres grosses pièces.

cŏzümä presque, L.

crafay' f., coquille, écaille, coque ; à W. crāfoy'.

cralü m., bourbier, fondrière, endroit humide où l'on enfonce ; à L. crëlü.

cramèl f., meurtrissure, blessure.

crat' f., crotte, crête, croûte.

crātë dsü ou crācë dsü ne plus vouloir d'une chose, en avoir assez, renoncer à quelque chose ; à W. crāté dsü.

crāti j'ă j'ai reculé, j'ai renoncé.

crayès' f., crevasse.

crëhhlat' f., espèce de petite prune noire.

crëhië écraser ; croquer, avaler avec bruit.

crèmza m. On appelait autrefois ainsi un paquet de chiffons en tiretaine qu'on allumait et qu'on fourrait par dessous la porte ou autrement dans la chambre où se tenait une veillée. En percevant cette odeur les femmes croyaient que leurs vêtements étaient brûlés par leur cova (chaufferette) ; à W. cëmho.

crës (lo) le creux (d'un arbre par exemple).

crëtür f., corps malingre ; i n'ë c'lè crëtür où s'na c'ën' crëtür = il n'a que la peau et les os ; à W. crètër.

cri~calë dentelé.

crīchä ou crīpä qui a des nœuds ou des crampes dans les jambes par suite du manque d'exercice (se dit principalement des cochons que l'on ne sort pas).

crīpä m., volaille qui a des crampes dans les pattes, malade des pattes.

Cristŏ Christophe, prénom.

crobé m., pièce de bois d'une roue.

crŏcë attendre longtemps, faire le pied de grue ; à W. crocé.

crŏcë glousser, se dit des dindons ; à W. crŏcé.

cros' mëñéy' f., échine du cochon, échine, L. W.

crŏyŏ ou grŏyŏ m., petit champ, sillon de peu d'étendue.

crüchë m., grand voile blanc que les veuves en signe de deuil portent par-dessus leurs vêtements et qui forme capuchon. Elles le portent pendant six semaines après la mort du mari, seulement le dimanche pour aller à la messe ; à W. cürché m. ; les femmes le portent pendant trente jours le dimanche pour aller à la messe.

crühat' f., alphabet ; à W. crüjot'

c'si~ m., coussin ; à W. cèsi~.

cü d'chi~ m., fruit de l'églantier ; à L. signifie nèfle.

cuälë (*so*) se tapir, se baisser, s'accroupir.

cuarat' f., champ large mais trèscourt.

cuärië bavarder, faire des groupes pour causer, faire des *cuäray'*.

cuāroy' f , bavardage, cancan, W.; à R. *cuäray'*.

cübasië qui est en sens inverse, tête bêche.

cüboyot' f., culbute, W.

cübulé culbuter, L.

cudër f., culture, W.

cüdhot' espèce de chausson aux pommes, L.

cuél f., écuelle, R. L. W.

cuèsië aplatir.

cuèti m., quart, quartier.

cuètrō m., quarteron (mesure).

cühé m., couvercle ; à W. *ciüché*, masc.

cühür ou *cühër* f., dépôt qui se forme au fond de la marmite quand le beurre cuit.

cuji (*së*) se tenir tranquille, se taire, L.; à W. *so cujié*.

cūñ f., couenne, W.

cur m., noisetier.

cütäbōl (*far lè*), faire la culbute, L.

cūz coudre, R. W.

cūza m., ce que l'on coud ; ouvrage que l'on est en train de coudre.

D

da. Cette préposition marque le point de départ, *da tolè* = de là, *j'ä uyi da tosë* = j'ai entendu depuis ici.

dā m., frelon, W.

dā m., dent. Le mot est masculin en patois comme en vieux français.

dā d'chi~ m., chiendent, R. L.

dā d'ëy' m., dent œillère; à W. *ëyōdā* m.

dädin' (*l'ë èvu ën'*) il a reçu une réprimande, il a eu un savon.

dagōñ mauvais lard, lard tout en couenne; couenne, R. L.

dägrīhh d'accord, n'importe, soit, cela m'est égal (peut-être faut-il orthographier *d'ägrīhh ?*).

däji m., danger, L.

däniō m., étourdissement, vertige.

däyë tarder.

d'brayë se dit de l'épi qui sort de la tige.

d'cafië écosser (des fèves, etc.), L.

dchāt descendre, L. ; à W. *dèchāt*.

dci~sō m., éclaboussure.

dcrāchü m., peigne à décrasser, démêloir, R. W.

dëbërtënë (*so*) ou *dëbrëtnë* (*so*) se démener ; à W. *so dèbürtënë*.

dëbëscënë débusquer, faire sortir d'une cachette.

dëbètzalë déguerpir, vider la place, débourser.

dëbiautë (*l'ë ètü bii*) il a été bien surpris, bien désillusionné.

dëbiscäyë qui est défait, qui a mal aux cheveux, qui a la figure fatiguée à la suite d'une ribotte.

dëbrolë détruire, abîmer ; à W. *dèbrōlé*.

dëcahhlë déplumé.

dëchagrënë qui a des traces de coups de griffes ; griffé.

dëci~sië éclabousser.

dëcofië empêcher une poule de couver ou de continuer à couver.

dècralë (*so*) sortir du marais, de la bourbe.

Dëdiō Didier, prénom.

dëdpë cë depuis que.

dèfrü (*auo po s'*) avoir en suffisance

pour soi, avoir pour son entretien.

dëgofië dépouiller quelqu'un (par ex. lui gagner son argent au jeu).

degrãy' f., escalier ; à W. *dègrãy'*

dègrëlé (so) se démener, W ; à L. *së dgrolé.*

dëgrëmië (so) tomber en poussière.

dëgrimonë (so) se griffer.

dëgrimoné qui a la figure en sang, W.

dëgroboyë (so) se débarrasser.

dëhăbië chasser, empêcher de revenir.

dèhatë (so) se débarrasser d'un obstacle, se tirer d'une difficulté ; en parlant d'une voiture, sortir de l'ornière.

dëhèl (s'a ën bèl) c'est un bon débarras.

dëhèrpoyë mettre en charpie, en lambeaux, déchirer.

dëhhtënäy' f., épouvante.

dëhipië mettre en morceaux.

dëhipiu m., individu qui use, qui déchire ses vêtements.

dëhiyë mettre le bois en bûches.

dëhozlë étrangler.

dëjèdnë couper le menu bois, la broussaille.

dèm f., lanterne à trois faces.

dëmãgoyë débraillé, qui a ses effets en lambeaux.

dëmarë demeurer ; à W. *dèmoré.*

dèmat' f., libellule.

dëmëzalë (so) s'abîmer, se détruire, tomber en ruines.

dëmi sèrjã m., espèce de poire (corruption du mot Messire Jean).

dèpëtië enlaidir.

dëpōtrënë grogner.

dëpōtrënë (so) se démener.

dëpustăy' f., volée de coups (de bâton, etc.), rossée.

dërvi~-dërvă (alë) aller çà et là, aller et venir.

dësërië rongé par les souris.

dëtīdü éteint, L.

dëtrëhië défricher.

dètrèp (bèl) f., bon débarras.

dëtriyë déranger quelqu'un de son ouvrage, mettre en retard quelqu'un, faire traîner en longueur ; à W. *dètriyé* empêcher de travailler, mettre en retard.

dëva à côté, auprès ; *dëva lü* = à côté de lui. On dit aussi *dè lu*, L.

dëvã avant. *Jë sü èrivé dëvã li* = je suis arrivé avant lui. *Dëvãt èhö* = avant-h'ier.

dëvéhië mangé des vers.

dëvni dĕ cèc ãdrö venir de quelque endroit.

dèvozië tutoyer ; à W. *dèvozié.*

dëvüda m., dévidoir.

dëzurië qui ne sait plus l'heure.

d'hōpoyë déchirer, mettre en lambeaux.

di du (article), L.

diä m., iris, plante.

Didōch Claude, prénom.

dio à gauche (en s'adressant à un cheval).

diōriu glorieux, fier.

dīr dire ; *jë djõ*, nous disons, L. ; à W. *jë djã*, nous disons.

dlicèt' (au m. et au f.) agile, R. W.

dob m., liard, monnaie de peu de valeur.

dōbō (ét lo) ou *dãbō (ét lo)* être le jouet, le dindon de la farce, la dupe ; à W. *ét lo dãbu.*

doborë (l'ãn a) il en est rempli, en est taché.

dōdō ancien caraco de femme

dolat' f. plur., maladie de foie des moutons causée par de petits insectes.

dŏlat' f., choucas, oiseau.

domèhh domestique (adjectif).

dotü craint ; part. passé du verbe *dotë*.

drëjü vis-à-vis, à côté ; à W. *dröjü*.

drëvō l'tā par ci par là, à droite et à gauche, çà et là.

droya m., qui est à moitié gras, qui commence à engraisser ; au féminin, *droyat'* ; à W. *dröyo* m. et *dröyot'* f.

dsāgonā, dsāgolā ensanglanté.

Düdné Dieudonné, prénom.

dühiō m., durillon.

duvri ouvrir, ouvert, L. ; à W. *ōvér* ouvrir.

duya m., endroit resté non labouré par suite de maladresse.

duziëm deuxième. R., L., W.

dzo dessous (adv.).

E

ébä (*tni~ ān*) tenir en arrêt, observer, guetter.

ébasië (*s'*) *è cèci~c* s'adresser à quelqu'un.

éc aigre, R. L.

èchèvat' f., écheveau de fil.

èchtĕ phhé dā l'sèc acheter de confiance, acheter chat en poche.

èchtomècë (*s'*), s'affliger.

écolé attacher la vigne aux échalas avec de la paille, W.

ècūl f., école, R. W. ; à L. *écōl*.

écürō m., écureuil, L.

èdrasu adroit.

èfōni épuisé, qui n'a plus de sang dans les veines, qui n'a plus que le souffle.

égāgië, gāgië répandre, ébruiter les nouvelles.

égatë faire accueil à quelqu'un, lui faire fête, le flatter ; adresser de bonnes paroles à quelqu'un qu'on rencontre dans la rue ; arrêter quelqu'un dans la rue pour lui causer. Le verbe *égatē* est transitif.

ègüy' f., aiguille, W. ; à L. *égüy'*.

èhhtotü m., embarras, gêne, obstacle.

ëhi m., essieu ; à W. *èchi*.

ëhietu m., banc pour s'asseoir, siége ; à W. *èsiëtü*.

èhoyë mal habillé ; à W. *èhoyé*.

èlëdi étourdi, assommé.

èpayō m., appui ; à W. *èpoyō* m.

èrèvat' à souhait, très-bien, juste, suffisamment, plus qu'il n'en faut. Peut-être faut-il orthographier *è rèvat'* ?

èrozü m., arrosoir.

Ersāsiō f., fête de l'Ascension. Prov. agricole : *ca i pië lo jo dë l'Ersāsiō — lé bié dèclin' jüsc' è lè mohō* ; c.-à-d. quand il pleut le jour de l'Ascension, les blés déclinent jusqu'à la moisson.

èscali~ m., ancienne pièce de la valeur de sept sous et demi. C'était autrefois le prix d'une messe dans le pays messin.

èsclivè (*s'*) s'esquiver ; à W. *s'èsclivé*.

èsëlā altérant, qui donne soif.

èstac m., finesse dans l'esprit, intelligence.

èstrëfät' f., accident, événement.

ètac m., étau, R. ; à W. *ètoc*.

étièrtë, éciërtë, éclairer.

étōp f., écurie.

étrīj étranger, L.

èvaltonë étourdi.

éviō, éva avec, L. ; à Vigny et autres lieux *èvïë*.

èvozië ne pas tutoyer quelqu'un, dire « vous » à quelqu'un.

ëy d'ègiès m., cor aux pieds.

èyähh content, à son aise.

èyŏd' (*bèyë*) donner en location un animal en s'en réservant la moi-tié comme paiement. On dit aussi : *bèyë èyut, bèyë è ŏd, bèyë è uäd.*

F

fădŏ m., petit morceau de bois fendu.

Fāfā François, prénom.

Fāfè id.

fas' f., boucle de cheveux recou-vrant le haut de l'oreille.

fèché planter des échalas dans la vigne, W.

fèhat' f., maillot d'un enfant ; à W. *fèchot'*.

fëhh à moitié sec, sec et mauvais, qui a mauvais goût, farineux, fade ; à W. *fèch*.

fèlchŏ m., brin d'herbe, tige d'herbe.

fëlras' f., fileuse.

fënŏ m., dent d'une fourche.

fèrëy' f., trou que fait un cochon dans un champ ; champ mal-propre ; ouvrage mal fait.

fèrfoyä m., individu qui parle trop vite, qui bredouille ; individu qui est trop pressé dans son ouvrage.

fèriä m., gâcheux ; mauvais ou-vrier ; au fém. *fèriät'*.

fërië fouiller ; faire du mauvais tra-vail.

fèriès' f., trou du cochon dans les champs.

fërnähh m., zèle, empressement, précipitation.

fèrs'nat f., petite pioche.

fèvat' f., fève des marais, fèverolle.

fèvät' f., véronique beccabunga, plante.

fi m., fil.

fia m., nœud (de ruban, etc.).

fiat' f., confiance.

fièch' m., fiel, W.

fièhat' f., eau amère qui vient dans la bouche.

fiëhh acide, aigre.

fiŏ m., quolibet, mot piquant, lardon.

fiŏs' cüt ŏ sla f., bouse de vache, terme de plaisanterie.

flé rtü m., fil retors (mot employé à Thimonville) ; à W. *fé rtü*.

flëflä m., celui qui *flëfèl'* ; voy. *flëflë*.

flëflë parler très-vite, bredouiller.

Flip Philippe, prénom.

flŏu f., conte, histoire, L.

fŏchné fâcher.

fohās' f., vigueur, santé.

fohat' f., fourchette ; perce-oreille, insecte.

fŏhh f., ciseaux pour tondre les moutons.

fŏhh tŏ chīr f., ciseaux pour tondre les chaises, chose qui n'existe pas. Envoyer quelqu'un de mai-son en maison chercher la *fŏhh tŏ chīr* est une farce semblable à celle du poisson d'avril.

fohü pèrü, forchü pèrü m., espèce de maladie que l'on guérit par des formules cabalistiques.

folnähh f., sottise, folie.

fönat' f., petite fourche.

forīr f., tournaille de champ, bout de champ qu'on est obligé de cultiver d'une certaine manière parce que la charrue ne peut pas tourner.

frãdoy' f., guenille.

frahi⁻ m., scorie.

frayŏ m., écorchure aux fesses causée par le frottement, par la marche ; à W. *froyŏ*.

frègié farfouiller, se servir du *frègiŏ*. W.

frègiõ m., fourgon pour attiser le feu, pour retourner les fagots dans le four, W.

frëmiür f., fourmilière.

frësnë se dit d'une bête qui ne reste pas en repos, d'un cheval inquiet qui souffle.

frësnür f., résidus de paille, de bois, etc.

frëti m., garde-champêtre, L. R.

frihü m., aiguisoir des cordonniers, des bouchers.

frijalë sculpter.

fris' (*dë lè chä*) f., de la viande frite.

fristür f., petit restant, poussière, objet dont il ne reste qu'une poussière.

fromrõ m., fumier, L. ; à W. *fomrö*.

frovië avoir peur.

frülhhõ (*auo lé*) avoir les frissons.

fuérüz f., mercuriale, plante.

füñ trõ m., bousier, insecte.

füñõ m., bout du groin du cochon.

füs' que cela soit ; soit ; d'accord, R. W.

G (= GU partout).

gäbardë plaisanter, rire.

gäboyät' f., coureuse, fille de mauvaise vie.

gäboyë aller de côté et d'autre, secouer, ballotter.

gächuyë gâter.

gada m., timbale en fer blanc avec une anse.

gäj' f., fille (mot usité à Marange).

gal' f., grande perche, gaule.

galaf m., gourmand.

galich f., vieux soulier, vieille chaussure.

galië donner des coups de gaule, gauler.

galmirõ m., gamin, polisson.

ganofiã m., gourmand, grand mangeur.

gas' (*grõs*) f., goître.

gay's f., chèvre; chevalet à scier le bois.

gëhõ (*fõ*) m., trachée artère.

gërnäyë s'amuser, faire de la dépense.

gëy'mat' f., coureuse, fille qui fréquente les garçons.

gëy'té m., étui à épingles ; à W. *gèy'té*.

giatu, diatu humide.

gi~chla m., guichet, R. L.

giñ f., bouloir, perche à battre l'eau.

giõ· difficile pour la nourriture, friand.

giõdat', giõdinèt' f., narcisse, plante.

Gitên' Marguerite, prénom.

Gitõ id.

glãyé glisser sur la glace. Mot usité à Metz.

glisi ã cén glisser accroupi sur les talons, L.

gõchi gaucher.

gõdrõ m., goudron.

gõdrõ, bona è gõdrõ m., ancien bonnet de femmes.

gogã m., individu endiablé, d'allure très-décidée, mauvais sujet.

gorjë ou *gohïë* m., embouchure d'une rivière, d'un ruisseau.

gõrmat' f., cordon des bonnets de femme qui s'attache sous le menton. — Glande que les moutons ont sous le cou.

gosa m., coin qui sert à élargir un sac.

got' (*de lè*) f., du saindoux.

got' (*è nõ*) dans l'obscurité.

gõyu m., individu mal mis ; mauvais ouvrier ; rôdeur, maraudeur.

grä tã époque du carnaval.

grã (*lo*) ou *lo grã vala* m., le premier valet de ferme.

grähïë grincer (se dit d'une porte, d'une voiture qui crie).

grauyë retourner (un tison, etc.); déboucher (une bouteille).

grauyô, *grōyō* m., morceau de bois d'une certaine grandeur pour remuer le bois dans le four.

gräy' f. raie dans les cheveux.

gré d'lè jãb (*lo*) m., l'os de la jambe.

grëhhla m., cochon en graisse.

grëñatë frissonner.

grèvèt' f., cravate.

gri~f f., griffe.

gri~fñë griffer.

gri~fñès' f., égratignure, coup de griffe.

grĩgëñë dé dã grincer des dents.

grĩj' f., grange.

gripa m., petite montée, petite côte à monter.

gripë grimper.

gripla m., grimpereau, oiseau.

gripoyäy' (*jëtë è lè*) jeter à la volée.

grō m., écuelle en bois, W.

grōlä; *grōlät'* grondeur, grondeuse.

grombīr f., pomme de terre, L.; à Bacourt, *truf*; à Plénois, *grōbīr*; à Saulny *gōbīr*.

güñ f., espèce de plante qu'on mange en salade.

guré m., grande pierre ronde.

gurïë (*so*) se rouler dans un pré, se coucher sur l'herbe; se vautrer.

gurïès' f., trace laissée sur l'herbe quand on s'est roulé ou couché dessus.

H (= H aspirée).

hã f., lien.

hac (*auo dō*) avoir du mal.

hac m., pioche à deux dents.

hãdlat' f., petit balai fait avec des plumes ou des herbes.

hadrèy' f., fatigue.

hahh (*auo dō*) avoir du mal.

halë raconter, dire.

halü m., espèce de grenier, R. L.

haluo lorsque les garçons et les filles se trouvent réunis dans les champs pour un travail agricole quelconque, ils se divertissent quelquefois de la manière suivante : ils saisissent brusquement l'und'entre eux désigné d'avance, par les pieds et par la tête, le lèvent en l'air, et tandis qu'il se débat, toute la bande passe par-dessous. C'est ce qui s'appelle *haluo* quelqu'un. Les garçons ont l'habitude de *haluo* les filles, et les filles les garçons quand elles sont en nombre.

hämãt' f., se dit d'une femme qui se plaint toujours.

harhülë (*so*) se disputer.

harïë vexer, tourmenter, provoquer.

harot' f., rosse, mauvais cheval, L.

hartä, *hërtä* m., retardataire, cultivateur qui est toujours en retard pour ses récoltes.

haué m., grosse pioche.

häy' d'lè chèrōu f., flèche de la charrue.

häyat' f. chariot flamand , meuble monté sur des roues destiné à apprendre à marcher aux enfants.

hazi qui branle, qui hoche, qui ballotte.

hazïë agiter, secouer, remuer.

hë (*pë*) par ici.

hè m., pas, enjambée, L.

hèdlë (*i nïë*) m., un œuf sans coquille.

hèhïër (*ã*) en mauvais état, négligé.

hëjrō m., boîte où l'on loge le pain.

hëla m., mulet.

hëläy' f., bousculade.

hëlë bousculer.

hèlot' f., coiffure des femmes. Mot usité à Châté Saint-Germain.

hëmë avertir quelqu'un secrètement au moyen de l'interjection *hëm ! hèm !*

hènähh m., tapage.

hëñäy' f., hennissement.

hëñë hennir.

hènè m., linge qui sert à presser les fromages.

hèpë arpenter, mesurer au pas, faire un pas.

hèrcëlë qui est toujours en retard pour son ouvrage, mauvais ouvrier.

hèrèñ, *hèrëñ* f., dispute.

hèrpëtë faire du mauvais ouvrage, travailler avec un mauvais outil ou avec mauvaise volonté.

hèrpiyë herser.

hèrsèt' f., paille que l'on coupe pour donner à manger aux bestiaux.

hèru, *hèrūz* monstrueux, monstrueuse.

Val i *cö* hèru, voilà un coup magnifique, extraordinaire.

hëtèn' f., haine, entêtement.

hëtü m., pièce de fer d'une voiture.

hèväy' f., brassée (de bois, etc.).

hëy' ! hëy' ! ou *hoy ! hoy !* cris pour faire avancer les vaches.

hëy' (èn') f., un instant, un clin d'œil, un moment.

héya ! héya ! héyabä ! cris pour appeler les brebis.

hinë réprimander, gourmander ; à W. *hèñé*.

hö (fär lo) faire le glorieux, le hautain.

hö piãtë m., plantain.

hö vã m., asthme.

köbinë (i n' pïë pü) il ne peut plus se mouvoir, il est malade, mal à son aise.

honèy' f., vieille harde, vieux vêtement, guenille.

hopa m., poignée (de foin, etc.).

hopë (so) se formaliser, se fâcher.

hösi, *hösië* exciter (par ex. un chien contre quelqu'un) à L. ; à W. *hasié*, à R. *hi˜ sïë*.

hot' davã ou *hotëm davã* mot adressé à un cheval à la charrue pour le faire tourner à droite. L.

houlé piocher. W.

höyä m., personne qu'on est toujours obligé d'appeler, qui se fait attendre.

hüläy' f. hurlement.

hülë grogner, hurler, crier. On dit prov. *s' n'a m lè vèch cë hüt lë pü cë bèy' lo pü d'läsé* c.-à-d. ce n'est pas la vache qui beugle le plus qui donne le plus de lait.

hüs' f., bouderie, fâcherie, mauvaise mine.

HH = H très-aspirée.

hhabō m., tour à filer.

hhal f., ampoule, tumeur.

hhalat' f., petite échelle de voiture.

hhalati m., noyer, arbre.

hhalī m., haleine ; à W. *cholī*.

hhalmã m., trèfle ou luzerne qu'on donne en vert aux bestiaux.

hhalnë respirer, flairer.

hhaluat' f., copeau fait avec le rabot ; à W. *choluot'*.

hhäy' prün m., homme qui, sous prétexte d'acheter, goûte à tout et n'achète pas.

hhäyèy' (l'a mu) se dit d'une femme qui a perdu sa fraîcheur de jeune fille par suite du mariage.

hhèlat' f., ensemble des poutres du

plafond servant chez les paysans à suspendre le lard, le jambon, etc.

hhèmé m., entame, trou commencé (par ex. dans un tas de foin).

hhën f., éclat de bois (dans la main) ; épine (dans le pied, etc.) ; à W. *chèn*.

hhënäy' f., échine.

hhënë donner des éclats (se dit du bois dont des morceaux se détachent).

hhèp f., courroie qui attache le manche et le bout du fléau ; à W. *chèp*.

hhèpi échapper.

hhèpia m., ciseau de charpentier ; à W. *chèpio*.

hhèrbür f., ramassis de petit bois, de petites choses combustibles que l'on prend à poignée.

hhèrë (*so*) se tromper.

hhëriès' f., déchirure.

hh'nõ m., boîte où l'on met égoutter les fromages ; à W. *chnō*.

hhõ m., planche de rebut ; première planche d'un arbre qu'on scie en long.

hhõbü m., banc à secouer le blé.

hhõ m., paille pour lier.

hhõdë émécher (un tonneau).

hhõdé m., tartre en général.

hhõdmã m., action d'émécher un tonneau.

hhõñ ou *hhoñ* f., graisse de porc avant qu'elle soit cuite pour faire le saindoux (*lè got'*).

hhõñë regarder de côté, guetter, observer, espionner.

hhõpu m., individu mal habillé, misérable, individu taré.

hhorië chatouiller.

hhot' (*puér dë*) f. poire de certeau.

hhõü m., banc à lessiver.

I

i un (article indéterminé) devant une consonne ; on dit *in'* devant une voyelle. Ex. *i to,* un tour, *in' om,* un homme.

i˜c, i˜g m., ongle.

i˜giat f., griffe des oiseaux.

J

jãbulë chanceler, vaciller sur ses jambes.

jãbutë enjamber (mot usité à Villers-aux-Oies).

jac (*dë lè*) bonne foi, honnêteté, *i ñ ë dë lè jac ã li* = on peut avoir confiance en lui. (Expression usitée à Solgne).

jacë tarder, rester en place.

Jàca Jacques, prénom.

jala m., petit *jõ,* c.-à-d. petit pot. Voyez au mot *jõ.*

janofri giroflée ; à L. *jirõflé.*

jayu, jayūz joyeux, joyeuse.

jazé m., gésier.

jèrbīr f., fenêtre du grenier par laquelle on rentre les denrées.

jërnīr f., poulailler, L.

jët juste (adv.), *cupë jët* couper juste.

jèvé m., javelle.

jèyä (*fär dë*) jeter des cris ; faire des hélas.

ji˜gèt f., chose de peu de valeur.

jõ m., pot en terre cuite avec anse et goulot dont on se servait autrefois pour porter à boire dans les champs. On buvait à même au goulot.

jõ di˜ m., coq-dinde.

jõblë badiner.

jõg'nat' f., espèce de champignon entièrement jaune.

Jõha Georges, prénom.

jrõy' f., érable champêtre. L.

jüifras' f., bonnet de nuit de femme.

L

labé m., abbé.

lābūz f., femme malpropre.

lachō m. friandise, chose à lécher. (*lachë*). On dit prov. *jèmä chèt' c'ë chèsō — n'ë buī lachō*, c.-à-d. qu'une chatte qui a des petits leur laisse tout ce qu'il y a de bon.

lädür f., injure grossière.

lähh m., lierre terrestre, plante.

lahh dë chèrōu f.. bande de terre retournée par le versoir de la charrue.

lahh dë pī f., tranche de pain qu'on met dans la soupe.

länas' f., instrument en fer pour retirer les seaux tombés dans les puits.

lard' m., lard. On dit d'un homme insatiable : *torto li cōviī jüsc è ën cōhh dë lard!*

läs' (masculin et féminin), las, lasse; à L. *lās'*.

lätuär m., confiture épaisse de campagne faite avec des prunes, des poires, etc., raisiné, marmelade.

lè sü cë ceux qui, L.

Lècsis Alexis, prénom.

lëmchō m., mèche de lampe.

lëmīr f., lampe.

lës' (*i pë*) un sale individu, un être dégoûtant, insatiable.

lèt' f., petit pont en planches.

Lèyō Léon, prénom.

l'hhé, l'hhé dë fi m., rouleau de fil, pelote de fil.

liä bai (se dit d'un cheval de cette couleur).

li~c m., lin, plante.

liñäs' (*mat è*) ne rien laisser, faire plat net.

linèt f. plur. Maladie particulière aux volailles.

linèt (*mat dë*) *è i phhé* passer dans le nez d'un cochon un fil de fer pour l'empêcher de fouiller dans une écurie.

litiäy' f., portée de cochons.

lō (*dë*) à la longue. On dit prov. *piat chèhh pëz dë lō*, petite charge pèse à la longue.

lōb m., ombre. *So mat ō lōb*, se mettre à l'ombre.

lochtic (*in' a m*) il n'est pas à son aise, il n'est pas bien portant.

lōji~ lambin, lent.

lōju f., longueur. R. L.

lōñä m., sournois, qui regarde de côté.

lot, lët lourd, lourde.

lōzên' f., bois qui relie deux essieux ensemble.

lü lui. L.

lür f., purin. On dit aussi *liür.*

lüsïë, lisïë m., huissier.

lzé m., espèce d'herbe.

M

macarō m., tubercule de la gesse tubéreuse. L.

mäch f., trou d'eau, mare. W.

maciō m., flocon de laine.

Madlich Madeleine, prénom.

madu f., amadou.

mahërèy' f., mercerie.

mähīr f., terrain non bâti dans un village, chènevière entourée de fascines.

mähü, mähé m., flaque d'eau, mare.

mähül' f., femme mal mise, mal faite, méchante.

maläy' f., pain fait d'un mélange de blé, de seigle, d'orge, etc.

maléd malade.

malèdiu maladif.

mali- *maläy'* pêle-mêle (adverbe).

mämich f., grand'mère, L.; à W. *mämi*.

mäpuol m., individu qui fait le fanfaron, l'entendu.

mat ä jnè (*so*) se mettre à genoux.

mät dë ba f., menthe de crapaud, menthe de ruisseau.

matla m., morceau de bois qui sert à tendre les piéges appelés sauterelles ou rejets.

mätridä m., *lätuär* cuit à moitié. Voyez au mot *lätuär*.

mchë (*auo*) aimer mieux; on dit prov. *l'ë mchë po so grö — cë po so vialö*, c.-à-d. il aime mieux (dépenser) pour manger que pour danser.

mè point de départ au jeu, limite qu'on ne peut dépasser quand on joue.

méc maigre. R, L.

mëchat' f., ce qui reste de pâte quand l'on cuit au four; on fait une petite miche que l'on cuit telle quelle pour les enfants.

mëdië suppurer.

mëhï m., chancre, ulcère.

mëhhniät' qui se plaint, qui se lamente toujours. (se dit d'une femme).

mèn' f., manche d'une charrue.

mënéch m., ménage. L.

mënhi m., menuisier; à L. *mönhi*.

mëniat' f., œillet, plante.

mënië m., rétameur ambulant, appelé aussi *caramonia*.

mëniö m., manche d'outil.

mënua, *mënuat'* petit, petite; mince.

mèrād' f., goûter que l'on fait à quatre heures; on dit : *è lè Sï Michèl* (29 sept.), *lè mèrād möt' ö sièl, è lè Sï Rèmi* (1er oct.) *ā vöri-*

jè lè rtëni- — è lè Sï Jā, l'ā d'hhā.

Ce qui veut dire qu'à la Saint-Michel on ne *mèrād* plus, qu'à la Saint-Remi, on le regrette, et qu'à la Saint-Jean, on recommence à *mèrandë*.

mèrgoy' f., femme laide, difforme, bavarde. (Injure.)

Mèriōn' Marion, prénom.

mërlifich f., décor, ornement.

mès' f., tas de bois qu'on met devant les maisons.

mësa m., recoin, cachette.

mèsèl f., tas de bois que l'on met devant les maisons.

mësië (*so*) se coucher.

mësië (*jë li än ä*) je lui en ai dit (des sottises); je l'ai grondé, je l'ai secoué d'importance.

On dit dans le même sens : *jë li än ä mëscëyë*.

mëy' (*mat ō vië*) mettre au rebut.

mëya m., bois qui sert à décrotter une charrue.

mëzalë broyer, abîmer, exterminer.

mëzarë trouver le temps long.

mëzür f., toute espèce de corbeille.

mia m., boulie.

miau (*fram tè*) tais-toi, ferme ta bouche.

mïch m., manche d'outil.

mïchat' f., manche d'habit.

mïï (*lo*) le mien. Au fém. *lè mïï* la mienne.

mïj' pï m. carabe doré (?).

Mina Dominique, prénom.

Minic, *Nic*, id.

Minor id.

miös' miel (mot usité à Suisse près L.).

mïtèñ f., manche de fléau.

mizlēñ f., bure, tiretaine.

mjï m., mélange de crème, de

fromage et d'œufs pour faire de la tarte.

m'növ' f., monnaie. R. L.

mochu m., morveux ; *i võ mië lèhië l'afã mochu cë d'i räyë lo né.* Prov.

mochü m., mouchoir ; à L. *muchü.*

mõdrigat' f., boisson pour les porcs.

mohië (*so*) se dit des chevaux qui chassent les mouches avec leurs queues.

mohiü m., époussetoir en crin pour les chevaux.

mõl m., moelle.

mola m., mou (de veau, d'agnéau, etc.).

morlat' f., coureuse, petite fille qui fréquente les garçons.

mõnãm m., farceur, individu endiablé, enragé ; qui a un air décidé.

moni~ m., femme sans souci, qui se laisse aller, grosse femme laide.

mõniu délicat, difficile pour la nourriture.

mõsië (*i*) un monsieur, un hère, un personnage.

mõtë desséché, fané (en parlant des herbes).

motlat' (*rir è lè*) rire en dessous.

motras' f., ferme, métairie.

mõyë panser (quelqu'un).

moznë murmurer.

*muatãch*f., culture mélangée (d'orge et d'avoine par ex.).

mür f., fruit de la ronce.

mürat' f., pâte composée de farine délayée pour faire des crêpes.

muträy' f. taupinière.

müyë mugir.

müzä m., paresseux.

N

nãfé m., enfer.

nãfé m., insecte noir (le carabe noir ?).

nähãs' f., parties génitales des juments et des vaches.

nam n'est-ce pas ? (quand on tutoie la personne à laquelle on parle) ; R. L. — *mö* à R. et à L. = n'est-ce pas, quand on ne la tutoie pas.

Nanõ Anne, prénom.

nãtèy' f., lentille. — Germe d'un œuf.

natië nettoyer.

natiür f., ce qui provient d'un nettoyage.

Naué Noël, fête. On dit prov. :

    è Naué õ tarõ

    è Päc sü lé cõpõ

C.-à-d. que si l'on se tient à Noël sur le pas de la porte (s'il fait beau), à Pâques on se tiendra sur les tisons (il fera mauvais).

nayèl f., nielle, plante. L.

nãzõ m., morve. L.

nëhh f., rondelle s'appliquant à la bobine d'un tour à filer.

nèrèl f., narine.

nèväy' f., colza, navette.

ni dë truãt m., grumeau de farine insuffisamment pétrie qui se trouve dans le pain.

nitrüz f., femme malpropre.

nõ nos (pronom possessif). L.

nõch f., neige.

nõhiõ m., barbouillé, noir comme un charbonnier.

noji nager. L.

nuäy' f., grand ouragan.

nüc m., nœud. L.

nühati m., noisetier.

nüri nourrir. On dit prov. *s' n' a m lè céj' cë nür l'õhiõ*, ce n'est pas la cage qui nourrit l'oiseau (l'habit ne fait pas le moine).

nüzā sti (*i n'i ë*) il n'y a personne
à la maison.

O

ō m., ail.

ŏ au, *ŏ jèdi~*, au jardin; *ŏ mèti~*,
au matin. R. L.

ōblat' f., femme imbécile.

ōbrépi~c aubépine (mot usité à
Villers-aux-Oies); à W. *ōbrëpèn'*
fém.

ōcli~ m. oncle. L.

ōgot' f., coccinelle. W.

ōhh f., cheville en fer traversant
l'essieu pour empêcher la roue
de tomber.

ohhtrā (*conahh l'*) savoir s'y prendre,
connaître les ficelles.

ōhi~ f., chose ou personne ennu-
yeuse.

ōhiŏ m., petit oiseau; enfant en
bas âge.

ōhiŏ d'bon' novèl rapporteur, bavard.

ōlüs' f., sottise, bêtise, baliverne,
sornette, manie, lubie.

ōriläs' (*auo è*) avoir quelque chose
en grande abondance, à ne plus
savoir quoi en faire.

ōrvür f., panier en paille dans lequel
on conserve les œufs frais.

ōsŏ m., oison, petite oie.

P

pa dë sri m., troglodyte, oiseau.

pādihh f., partie d'un arbre fruitier
qui se trouve au dessus du jardin
du voisin et dont ce dernier profite; à W. *pādich*.

pādür f., croix suspendue à une
chaîne ou à un cordon que les
femmes portent au cou, en guise
d'ornement.

pafèrli~ m., panade très-épaisse;
au figuré, femme sale.

pahŏ m., échelon.

pähh è yähh tranquille, content,
satisfait.

pal m., chambre d'honneur chez
les paysans, la belle chambre;
à L. *puél*.

palë pelé, chauve.

palūhh f., pelure, écorce.

päpi m., grand-père.

Pāpuè François, prénom.

patchi m., aubépine, arbuste.

pātcuf f., espèce de crêpe faite sur
le poêle.

patë lè tät' à Flocourt, près R., le
jour de la fête les pâtureaux des
villages voisins viennent faire
claquer leurs fouets devant les
maisons pendant le repas; on
leur donne de la tarte. C'est ce
qu'on appelle *patë lè tät*.

patras' f., espèce de saule qui casse
facilement.

patriyë pétiller, crépiter, claquer (se
dit d'un fouet).

pauë avoir peur.

pauï m., rustre, paysan.

pauiŏ m., papillon.

payat' f., barre en bois servant à
tenir en équilibre le timon d'une
voiture.

pèhh f., abcès.

pèhhlë rassasié.

pèhhlé m., mélange d'avoine et
d'orge.

pèhŏ, pahŏ f., portion.

pél f., poêle à frire. On dit d'une
personne qui tourne beaucoup :
i ton' com in' ēñŏ dā ën' pél, il
tourne comme un oignon dans
la poêle.

pëmlat' f., le jaune de l'œuf.

péñ de lu m., chardon à foulon.

pénir sevrer. R. L.

pëpiŏ m., pépin.

pèrèdi pès nāfé jeu d'enfants.

përië presser avec les doigts.

përièy' f., purée.

pèrü m., colle de farine dont se servent les cordonniers, les tisserands, etc.

pès' f., pièce, morceau.

pèt' fī f., fringale.

pètlë, *pètnë* piétiner, trépigner, marcher à petits pas.

pèt'nat' f. patenôtre. On dit d'un chat qui ronronne qu'il dit ses *pèt'nat'*.

pëyë écaler des noix, des noisettes, etc.

pëza m., balance appelée romaine.

pèzè m., écosse de fève, W.

pi! pi! pi! cris pour appeler les dindons.

pidūl f., toupie.

piëhh f., perche.

pièl f., espèce d'insecte aquatique.

pièl f., attache qu'on entortille autour de l'écheveau pour que les brins ne se brouillent pas.

pièm f., plume.

pièmë lè grīv plumer la grive. Se dit du repas que font les batteurs en grange à trois heures du matin.

pièmë lè grā grīv plumer la grande grive. Se dit du repas que font les domestiques la veille de Noël.

pièmõ m., lit de plumes.

pihh f., pêche, fruit; à L. *péhh*.

pilü m., pilon.

pi~gië pincher, criailler (se dit des oiseaux).

pi~giõ m., mal aux doigts (causé par le froid, etc.).

pi~giõ m., ardillon d'une boucle.

pinābul f., topinambour, plante.

pinach f., épinard.

piõn f., pivoine.

piötë beaucoup travailler.

pi~sõ (m. pl.) onglée.

pītia! pītia! c'est par ces cris qu'on appelle les poulets.

piurië dégoutter, suppurer.

plèt' è rëpèsë f., fer à repasser.

plür pleuvoir. L.

põfü m., pot au feu. L.

pohiā collant, gluant.

pohiõ m., petit cochon de lait.

Põl Paul, prénom.

polī m., poulain; bavure qui se forme entre deux miches de pain mal cuites.

põliõ m., dîmeur; celui qui était chargé de lever la dîme.

polīr f., petite entrée d'un poulailler destinée aux poules et qui se ferme avec une trappe.

Põm (*lé*) (au plur.) le dimanche des Rameaux. On dit prov. *fröd' Põm, chöd' Pāc*; c.-à-d. s'il fait froid le jour des Rameaux, il fera chaud à Pâques.

põmi~ m., espèce de sapin dont on se sert particulièrement pour faire des rameaux pour la fête.

porat' f., porreau, légume.

porjëtë i mühh crépir un mur.

porpëlür f., petite vérole.

põsé f., petit pont.

põsīb, *pūsīb* possible.

pota m., pot.

põtäy' f., terre ramassée sous les souliers.

põtchèl f., fruit de l'aubépine.

potré m., laid visage, figure grimaçante.

põtrënat' (*dīr sè*) dire ses patenôtres. (Se dit du chat qui ronronne.)

poy'ri m., cavité qui se trouve sous la nuque.

prëcalë avertir.   [que.

prèmu cë vu que, attendu que, parce

préñë parquer des moutons.

prëti pétrir, manier la pâte.

propië m., pourpier, plante.

provië pourvoir (à quelque chose).

pü m., pou.

pü m., semence d'une plante aquatique qui s'attache aux vêtements.

püchiëy' f., pincée de sable, etc.

puérat' f., poire sauvage.

puïn' f., peine.

pupä, pupär m., prunelle de l'œil.

pusa m., poussière.

püsiatë; püsië travailler minutieusement, chercher avec beaucoup de soin.

püsna! püsna! cris pour appeler les poulets (usités à Oron, Lucy).

püyu (i) un pauvre, un misérable, un glorieux sans le sou.

R

rä m., rayon d'une roue.

räbiu f., air de feu, flambée de feu, reflet d'une clarté.

räbõ m., pomme de Rambour, pomme estimée des paysans. On dit prov. *s' n'a m èfär é pia pohiõ dë mïjë dé räbõ, è muï ci n' si~ püri.* C.-à-d. ce n'est pas aux cochons à manger des rambours à moins qu'ils one soient pourris.

räcës'pota m., rapporteur, personne qui ébruite les nouvelles.

räcëza m., cancanier, rapporteur.

räcëzië rapporter ce qu'on dit.

räcrië interpeller, appeler.

rädiëy' f., rayon de soleil.

rädür (*s'a ën bèl'*) c'est un beau produit. (Se dit par ironie.)

rägëyë, rägië râler, respirer avec effort, être court de respiration.

rähhnat' f., raisonnement sans suite, sans fondement. Mauvaise excuse.

räjayë réjouir.

ralä m., coquet, vif, vaillant, fier, gaillard. Au fém. *ralät'*.

rälu asthmatique, poussif.

raminë réfléchir, chercher à se rappeler.

räpiëtrë réparer un bas.

räpoyë qui a repris des forces, qui est rétabli (se dit de quelqu'un qui était malade).

räsëla m., lancerot, oiseau de proie.

rauõ m., le plus gros morceau de bois d'un fagot.

r'bõ m., grappe de raisin dépouillée de ses graines. Rebut de n'importe quoi. R. W.

rbolë rebrousser, retourner, river (un clou).

rchïjat' f. changement.

rèbëhh revêche, acariâtre, maussade.

rëbëy' (ä) en morceaux, cassé, démoli.

rëbõcë reprendre quelqu'un dans une conversation, lui donner la réplique.

rëbrèzë rattacher deux morceaux de fer avec du cuivre.

rèch m., crible; à L. *rich*.

rèchè m., repas que font les veilleuses à la fin de l'hiver.

rëchëñë contrefaire, singer, imiter les gestes ou les grimaces de quelqu'un.

rèchevi achever. W.; *jë rèchëf*, j'achève; *jë rèchëvä*, nous achevons; *i rèchëf*, ils achèvent.

rëcodë, rcodë raccommoder, réconcilier. — Mettre au courant, renseigner.

rëcuzès' f., couture. Marque sur le corps ou sur la figure causée par une blessure.

rëdoyë replier, répliquer.

rèflècsiō f., réflexion. — Réparation à une toiture. Le prov. suivant contient le mot avec les deux sens :

   é vïëy' jā, è é vïëy' mōhō,
   i fō to lé jo dé rèflècsiō.

C.-à-d. aux vieilles gens et aux vieilles maisons, il faut tous les jours des réflexions (réparations de toiture).

rëgëy' mëzé (è) tant qu'on a voulu, jusqu'à plus soif, jusque par dessus la tête.

rëgichë retenir, rattraper.

rëgoboyë remettre à sa place, arranger de nouveau.

règrās' f., rallonge.

règrāsië rallonger, ragrandir.

rëgroboyë (so) se refaire, réparer ses forces.

rëhèchë lè mèriäy'. Au sortir de l'église la mère du marié ou à son défaut une proche parente attend, sur le seuil de la maison où se fait la noce, la mariée et lui remet selon sa fortune une pièce d'or ou d'argent. C'est ce qui s'appelle *rëhèchë lè mèriäy*. (Usage encore en vigueur à Retonféy.)

rëjalë résonner, retentir.

rëjë passer au crible; à L. *richi*.

rëjür f., criblure.

rëlāci d'sü ne plus vouloir quelque chose, laisser là (l'ouvrage, etc.), être dégoûté de quelque chose.

rëmistacè réparer à la hâte, rafistoler.

rënäcië répéter souvent, rabâcher.

rëñō m., trognon.

rënotié nettoyer la vigne. W.

rëpä m., renvoi, rot.

rëpäy' f., renvoi, rot.

rëpëhi, rpëhi manger (se dit des chevaux).

rëpionë étamer.

rëpionë répéter toujours la même chose, rengaîner.

rëpionür f., débris de ce qui a été étamé.

rëpsé roter, L.

rëpsōdrey' (fém. plur.) paroles insignifiantes.

rësarsi m., reprise dans une couture.

rësör recevoir. L.

rësü tranquille, corrigé.

rèt' f., souris.

rëti~tom' m., réplique.

rëtläy' f., ce qu'on donne en une fois aux chevaux au râtelier; rangée de grosses dents.

rëtoyë, rëtuyë. cèc'i~c rembarrer quelqu'un, rabattre le caquet à quelqu'un.

rëvalë chargé de fruits (se dit des arbres).

rëvarjë aller dans les jardins après la cueillette des fruits, pour ramasser ceux qu'on a oubliés.

rëvarjë repasser la herse sur les champs semés.

rëvōdrèy' f., objet de peu d'importance.

rëy' m., rouille.

rëyë ronger, ruminer la pâture (se dit des animaux).

rëyë rouiller.

rëyōté m., gâteau du jour des rois dans lequel est la fève.

riäy' f., ensemble du chanvre qui a été roui.

ric è rac tout juste.

rië faire rouir le chanvre.

rièt' f., versoir d'une charrue.

riïvō m., vaurien.

rimä m., gâteau salé.

rlèv-sèl (fém. plur.) dimanche qui suit le dimanche de la fête ou le jour d'une noce. Ce dimanche-là on recommence la fête.

rmat' vomir.

rmŏni~ m., romarin.

r'nä m., renard.

r'nä (fär lĕ) vomir.

rŏat' f., ruelle.

roboyë grêlé, marqué de la petite vérole.

roboyu raboteux.

rŏchë ronfler.

rojëlür f., rougeole.

rŏmës' f., rengaîne, chose que tout le monde répète; radotage.

rŏtür (ā) maigre, qui ne profite pas. Se dit par ex. d'un cochon qui n'engraisse pas.

rŏu m., coureur de filles.

rŏu f., rue. R. L.

rŏu m., espèce de roseau dont on se sert pour calfeutrer les tonneaux.

roünë chercher partout, fouiller.

rŏya m., rouleau de bois servant à écraser les gazons.

rŏya ŏ pëm m. ou *rŏyat ŏ pëm* f., pâtisserie composée d'une pomme cuite entourée de pâte.

rŏyäy' accouchée (part. passé).

rŏyë rouler.

rŏyë nettoyer (une écurie).

rŏyë i fohh tirer la braise du four pour mettre le pain.

rŏyu m., rôdailleur, vagabond.

rŏy'uécä m., épinoche, poisson.

r'sëhŏ m., souper nocturne.

r'té m., râtelier. On dit prov. *Ca i n'i ë pü riī ŏ rté léz än' so bèt* = quand il n'y a plus rien au râtelier les ânes se battent.

rtopë reboucher.

rträ masc. pl., sons (résidus de blé).

rtrohŏ masc. plur., sons fins.

rüdiyë couler fortement, couler à torrents; *l'ŏu rüdiy'* = l'eau coule à torrents.

ruélat' f., ruelle.

ruèynä m., tardon, animal domestique qui naît longtemps après l'époque habituelle, par ex. en automne.

rui d'ché m., ornière, trace de roues d'une voiture.

rüŏ m., petit ruisseau.

rüsŏ m., verrat.

rütä m., espèce de verdière, oiseau.

rütë (se dit habituellement des porcs), grogner.

rzi~ dépôt qui se forme au fond de la marmite; gratin.

S (partout = Ç)

sacat', *sëcat'* f., racine d'arbre.

säfoya m., gras double.

salbrë (l'ë ètü mŏ) il a été mal reçu, mal servi, mal régalé.

samos' f., lisière d'une étoffe, le bord d'une toile de tisserand.

sahë (so) se signer, faire le signe de la croix.

säp m , sable. L.

satënrèy' f., chose invraisemblable, superstition.

satu (l'ë èvü i) il a reçu une réprimande, un savon.

säyé goûter. W.

së, sn son (pronom possessif masculin). L.

sé sa (pronom possessif féminin). L.

sèciŏ m., groupe, ensemble, tas.

sècohë abîmer quelque chose, gâcher un ouvrage.

sèlat' f., petit siége en bois sur lequel on s'assied pour traire les vaches.

sëlhi m., cerisier.

sér savoir.

sérujiï m., médecin. R. L.

sësënat' f., ortie blanche (dont on suce les fleurs).

sësië sucer.

sësnö m., grillon. Personne malingre.

sèvü su ; part. passé du verbe *sauo,* savoir.

sèyé m., seille servant à traire les vaches.

sëyö m., petit *sèyé.* On dit aussi *ën sëyat'* f.

sïëy' f., suie.

sïëy' f., soie de cochon.

siï (*lo*) le sien : au fém. *lè siï,* la sienne.

sïnätür f., signature.

sïnë signer.

siöm, siöm sensible, qui affecte de la sensibilité.

Sisis François, prénom.

sitlè (*s'a lè*) c'est celle-là. L.

sival f., ciboule, plante.

sla gëy'ri (*lo*) le beau soleil d'hiver.
On dit quand il fait un beau soleil en hiver et quand il fait froid en même temps : *s'a lo sla gëy'ri — c'âjal lè mö v'ti* = C'est le beau soleil d'hiver qui gèle les mal vêtus.

sli (masc. plur.) instrument pour raffiner le chanvre.

sö f., saule, arbre.

soch m., soc de charrue. L.

socrië, sucrië plaindre quelqu'un.

söm f., blé en sac prêt à la mouture.

somö m., mauvais bois de chêne.

sömü stupéfait.

söni~ m., espèce d'horloge ancienne dont la caisse ressemble à un *söni~* (boîte au sel).

söñ f., cigogne (mot employé à Lucy).

sorvör apercevoir. *Sorvü,* aperçu.

sosë ceci.

sötël (*s'a lë*) c'est celui-là, L.

sötü m., fagot, pierre ou palissade qui barre les chemins dans une chènevière. Les hommes peuvent passer par dessus, en enjambant. Le bétail est arrêté par cet obstacle.

sötü (*lè bèhh häy' dö lo*). Cette phrase signifie que le plus faible doit toujours céder au plus fort. Le sens primitif était que la chènevière qui devait un passage à enjamber pour les piétons ne pouvait être enclose que par une haie basse. Donc toute haie basse supposait *i sötü.*

spüdïr. Ce mot a un sens assez vague et assez difficile à définir. Quand on dit *pocè* (= pourquoi) et quand on répond *spüdïr,* cela signifie, je crois, *parce que.*

srëvé m., cervelle.

sü cë (*lé*) ceux qui.

subrëca m., à compte que l'on prend sur un repas quand on a trop faim pour attendre.

sudär m., soldat d'infanterie, soldat.

surcrut' f., choucroute ; à L. *sërcrut.*

T

taborë battre, frapper à coups redoublés.

tac m., amas (de foin, de blé, etc.)

täcië mettre des planchettes pour comprimer une blessure, pour resserrer un membre fracturé.

tac mèrchö m., traquet, oiseau.

tädïr f., barre qui maintient les échelles d'une voiture.

tăgĕñĕ (so) se disputer, n'être pas d'accord.

tahhtonĕ parler obscurément, mentir en bredouillant, parler d'une manière confuse.

talbotĕ pousser, harceler, exciter, persuader à force d'importunités.

tănĕ (so) s'étendre.

tăpiĕ, tăplĕ redresser les gerbes mouillées pour les faire sécher.

tarŏ m., devant de la maison, de la porte où l'on se tient quand il fait beau. Seuil de la porte.

tasiĕ téter.

tăt' è l'ŏl f., grand souci, personne lente qui ne dit rien.

tauŏ m.; taon, insecte.

tèc f., plaque de cheminée.

tëhat' f., espèce de *cich* faite avec les coins de la pâte rabattue sur la *mürat*.

tëhé m., amas (de foin, de blé, etc.).

Ténich Etienne, prénom.

tér tenir debout, se tenir debout, *jë té* je tiens debout, *jë tèyā* nous tenons debout, *jë tèyŏ*, je tenais debout.

tèrlatĕ dorloter.

tèrni éternuer. L.

tës' f., toux. On dit, en plaisantant, à quelqu'un qui a un gros rhume : *t'é lè tës' mër lu — t' l'èré ch' c'è lè mū.*

tèt' d'ŏhiŏ f., espèce de scabieuse.

Tétén' Etienne, prénom.

tëya m., tilleul.

tëyĕ détacher le filament du chanvre avec la main.

tëyŏ d'chèñ m., tige de chanvre dépouillée de ses filaments.

tĭ d'vèñ m., raisin dont le jus d'un rouge vif sert à donner de la couleur au vin.

tiauti m., cloutier.

tic tac mèrchŏ m., taupin, insecte.

tié clair.

tiëpäy' dë chvŏ (ën') f., un nombre quelconque de chevaux ou de vaches tenus en corde.

tièrté f., clarté.

tiët' d'ŏ f., gousse d'ail.

tiĭ (lo) le tien; au fém. *lè tiĭ*, la tienne.

tinër m., tonnerre; à L. *tinŏr*.

tiŏr clore, fermer; *jë tiŏ*, je ferme; *je tiéyā*, nous fermons, *i tiŏy'* ils ferment.

tiu! tiu! tiu! pëtiä! cris pour appeler les cochons.

tŏ m., établi d'un marchand forain.

tŏ m., taudis.

tŏ (ét ica sü) être encore sur pied.

tŏciŏ m., linge entortillé; brassée (de foin, etc.); torchon de paille.

tŏlat' f., crépine, toile qui enveloppe la panne du cochon.

tŏlës m., têtu, sournois, imbécile (injure).

tonat' f., marteau en bois dont se servent les femmes pour battre *lè codŏ dë chèñ.* (Voy. au mot *codŏ*.)

tonat' espèce de juron (peut-être pour *tonnerre?*).

tŏniäy' f., rossée.

tŏniĕ, tăniĕ battre, rosser, malmener, taquiner.

topa m., œillet de poëte.

topat' f., étoupe de lin.

topĕ étouffer (verbe neutre).

tŏpĕ in' ohh fermer une porte avec violence.

tora m., tour à filer.

Tŏtich Anne, prénom.

tŏtiĕ manier, tâtonner.

tozlĕ tondre (une haie).

trăbiat' f., tremblement, frisson.

trèpèrsë mouillé jusqu'aux os.

tramuè m., culture mélangée d'orge et d'avoine.

trăt'.f., écheveau. L.

tratü m., entonnoir. L.

tray' f., trèfle des prés, petit trèfle.

trèbia, trobia m., tourbillon.

trèfhhü m., cheville en fer servant à relier la *lōzên'* à l'avant-train de la voiture.

trèhh (ă) en friche.

trëji m., endroit où l'on engrange les denrées.

trèmäy' (fém. plur.) gerbes étalées sur le sol d'une grange pour être battues.

trèmür f., caisse où l'on jette le grain pour le moudre ou pour le vanner.

trêñë m., corde de cuir tressé qui pend au manche du fouet.

trëniä m., traînard, paresseux.

trèpiür f., menu bois qui reste d'un fagot, qu'on met dans un autre. W.

trèplë piétiner, trépigner. On dit à un paresseux qui se lève tard : *të n' trèpèlré m sü lé crèpō*, c.-à-d. tu ne marcheras pas sur les crapauds parce que tu verras assez clair pour ne pas les écraser.

trèsä m., redevance en nature; (terme ancien).

trèsä (pär lë mŏd' è) se faire de la bile, du chagrin pour ce qui arrive.

trètrèl f., crécerelle ; à L. *trétél.*

trëyë étriller.

trèyèy' f., petite écurie fermée jusqu'à une certaine hauteur pour les cochons et les moutons.

trëzé m., un des tas de la *trëzlīr.*

trèzlīr f., l'ensemble des tas de

gerbes symétriquement disposées dans un sillon.

tricués' (f. singulier), tenailles.

trihat' f., eau dans laquelle on a savonné le linge, eau qui a passé à travers la lessive.

trihië passer la main (sur le poil d'un chien, etc.).

tri~sië seringuer, partir en jet.

trizalë retentir, résonner.

trõ m., excrément.

trõ d'cuchõ m., trombe, violent orage; à W. *trõ d'cochõ.*

trõ dë jäc m., gomme des arbres fruitiers.

trõ dë vèch m., bouse de vache.

trochë taller (se dit du blé).

trõhië chercher.

trõpoyë aller çà et là, flâner.

trõpué m., embarras quelconque. L.

trosä, trosät' plaintif; plaintive; dolent, dolente.

trosië se plaindre.

trõuïr f., femme sale.

truădrèy' f., paresse.

trü~cauäy f., femme cancanière, rapporteuse.

trūlë, trūëlë nettoyer à la pelle.

t' tōlähh, d'tōlähh partout. On dit prov. *cë chèci~ hâdlès' dëvä chë li, i fré bè d'tōlähh.* Que chacun balaye devant chez lui, ce sera propre partout. — Autre proverbe : *lè grèhh a bon' d'tōlähh, jusc'è dä lo tpi~* la graisse est bonne partout même dans la soupe.

tū-chi~ m., repas de fête que l'on fait à la fin des travaux de la moisson, de la fenaison, etc.

tut tous, toutes; *i sõ tut' tolè* ils sont tous là.

U = Ou partout.

uāt' f., personne paresseuse.

uèhiā qui branle, qui hoche, qui ballotte. On dit d'un vêtement trop large : *lo rcha lè a tra uèhiā.*

uén' f., veine, artère.

uènär m., bouton à la paupière appelé Compère Loriot. On dit aux enfants qui font des incongruités au milieu des chemins, qu'il leur viendra un *uènär* dans l'œil.

uèrbroci~ m., vilebrequin.

uèrcayë m., sellier, bourrelier.

uèré m., pièce d'une charrue.

uétènrèy' f., saleté. L.

ui~ciè jeter des cris (se dit des porcs).

uihh m., gui.

ūs, tia ūs, hūs ! interjection qu'on adresse aux chiens pour les chasser.

V

vāj' f., pervenche.

väla d'l'ohh m., clavette servant à maintenir le verrou fermé.

valhhā bien portant.

värpan' f., nuage blanc qui, quand il est tourné au nord, annonce le beau temps, et à l'est, la pluie.

vātèriī, vātri~ m., tablier.

vātō m., vanne pour retenir l'eau.

vé dë fomrö m., quantité de fumier qu'on prend en une fois avec une fourche après l'avoir roulé.

vélë s'écrouler, s'ébouler.

vëlmësō m., limaçon.

vëlmu venimeux, vénéneux.

vënā tosë viens ici. Cette façon de rendre la 2ᵉ pers. de l'impératif n'est employée que pour le verbe *venir.*

vèr d'in ëy' borgne.

vèrcëlë mangé des vers, piqué des vers.

viyuè m., table d'un cordonnier, d'un sellier.

vlāti volontiers.

vlātru m., qui montre de la complaisance, de la bonne volonté.

vō vos (pronom possessif). L.

vōf veuf. L.

vēl souple.

volat' f., clayon, éclisse.

voltra m., hanneton.

vōt' f., espèce de pâtisserie.

vōzna (i) un Valentin. Le 1ᵉʳ dimanche de carême, le dernier marié de l'année réunit les garçons du village que tous ensemble parcourent en s'arrêtant devant la fenêtre où il y a des filles. Le dernier marié s'arrête et dit : *j'y donne, j'y donne;* les garçons répondent : *à qui? à qui? — un tel à une telle* — et il ajoute « *l'aura-t-il* », les garçons répondent : *oui, oui,* et alors tout le monde de crier *hèrō ! hèrō !*

Si la fille n'accepte pas elle sort avec un torchon de paille auquel elle met le feu. Le dimanche suivant la *vōzna* (les amoureux désignés) *qui ne sont pas brûlés,* se rendent chez leurs *vōznat'* qui leur ont préparé des pâtisseries appelées *puo dë phhi.*

Le 3ᵉ dimanche, les garçons portent un cadeau à leurs *vōznat'*.

vōznat' f., Valentine. (Voyez ci-dessus.)

vuy' (ä) en route, en voyage. L.

v'zèy', fzèy' f., vessie.

Z

zag'në fouetter.

zōbë battre, rosser quelqu'un.

CONJUGAISON.

(RÉMILLY.)

Verbe auxiliaire *auë* (avoir).

Indic. prés.

j'ă
t'é
l'ë

j'èvă, j'ă
v'èvŏ, v'ŏ
l'ŏ

Imparfait.

j'èvŏ, j'èvëy'
t'èvŏ, t'èvëy'
l'èvŏ, l'èvëy'
j'èvi~
v'èvi~
l'èvi~

Futur présent.

j'èră
t'èré
l'èrë

j'èrā
v'èrö, v'èrëy'
l'èrŏ

Conditionnel présent.

j'èrö, j'èrëy'
t'èrö, t'èrëy'
l'èrö, l'èrëy'
j'èri~
v'èri~
l'èri~

Subjonctif présent et imparfait.

cë j'èvès'
cë t'èvès'
cë l'èvès'
cë j'èvi~s'
cë v'èvi~s'
cë l'èvi~s'

Verbe auxiliaire *ét* (être).

Ind. prés.

jë sü
t' a
l' a

j' ată
v'atö, v'atëy'
i sŏ

Imparfait.

j'atö, j'atëy'
t'atö, t'atëy'
l'atö, l'atëy'
j'ati~
v'ati~
l'ati~

Futur présent.

jë srä
të sré
i srë

jë srā
vë srö
i srŏ

Conditionnel présent.

jë srö
të srö
i srö
jë sri~
vë sri~
i sri~

Subjonctif présent et imparfait.

cë j' sö, cë j'atès'
cë t' sö, cë t'atès'
c' i sö, cë l'atès'
cë j' si~, cë j'ati~s'
cë v' si~, cë v'ati~s
c'i si~, cë l'ati~s

Verbe *mījë* (manger).

Indicat. prés.	Conditionnel présent.
jë mīj-	*jë mīj-rö*
të mīj-	*të mij-rö*
i mīj-	*i mīj-rö*
jë mīj-ā	*jë mīj-rĩ*
vë mīj-ö	*vë mīj-ri~*
i mīj-	*i mīj-ri~*

Imparfait.	Impératif.
jë mīj-ö	*mīj* == mange
të mīj-ö	*mīj-ā* mangeons
i mīj-ö	*mīj-ö* mangez
jë mīj-i~	Impératif négatif.
vë mīj-i~	*në mīj-ér më* ne mange pas
i mīj-ĩ	*në mīj-ār më* ne mangeons pas

Futur présent.	*në mīj-ör më* ne mangez pas
jë mīj-rä	Subjonctif présent et imparfait.
të mīj-ré	*cë j' mīj-ès-*
i mīj-rë	*cë t' mīj-ès*
jë mīj-rā	*c' i mīj-ès*
vë mīj-rö	*cë j' mīj-i~s* .
i mīj-rô	*cë v' mīj-i~s*
	c' i mīj-i~s.

Sur ce verbe *mīj-ë*, on peut conjuguer 1° le plus grand nombre des verbes dont l'infinitif est en *ë*, ex. :

> *charch-ë*
> *bach-ë*
> *bau-ë*
> *fiär-ë*
> *rësan-ë* etc.

2° Un grand nombre de verbes dont l'infinitif en *ë* est précédé d'un *y*, ex. :

> *huy-ë*
> *rãvay-ë*
> *s'ãnay-ë*
> *gëy-ë*
> *trõy-ë* etc.

3° Un grand nombre de verbes dont l'infinitif est en *ië*, ex. :

> *ruät-ië*
> *so cuh-ië*
> *bih-ië*
> *bacès-ië*
> *hi~s-ië*
> *tës-ië*

4

4° Un certain nombre de verbes dont l'infinitif est en *i*, ou *i* , ex. :

mër-i

ūy'-i

drëm-i~

vëc-i

5° Un certain nombre de verbes comme

cor

cūz

Verbe *ärnë* (éreinter).

Ind. prés.	Conditionnel présent.
j' ärën'	*j'. ärën-rö*
t' ärën'	etc.
l' ärën'	Impératif.
j' ärn-ã	*ärën'*
v' ärn-ö	*ärn-ã*
l' ärën'	*ärn-ö*
Imparfait.	Impératif négatif.
j' ärn-ö	*n' ärën-ér më*
etc.	*n' ärën-är më*
Futur présent.	*n' ärën-ör më*
j' ärën-rä	Subjonctif.
etc.	*cë j'ärn-ès'*
	etc.

Sur le verbe *ärnë* conjuguez les verbes terminés en *në* précédés d'une consonne, comme

äfohhnë

sënë

On conjugue d'une façon analogue des verbes comme *trèplë* piétiner (*jë trèpël*, je piétine, *jë trèplã*, nous piétinons) ; *ätrë*, entrer (*j'ätër*, j'entre, *j'ätrã*, nous entrons) ; *biautë*, cligner des yeux (*jë biauët'*, je cligne, *jë biautã*, nous clignons).

Les verbes comme *trëvë* font aux premières personnes du singulier du présent de l'indicatif, *jë trëf*, *të trëf*, *i trëf* (*crëvë*, crever, *jë crëf*, etc.).

Verbe *ädië* (aider).

Indic. prés.	Imparfait.
j'ädiy'	Sing. *j'adi-ö*
t'ädiy'	etc.
l'ädiy'	Plur. *j'adi-i~*
j'ädi-ã	etc.
v'ädi-ö	Futur présent.
l'ädy'	*j'adiy'-rä*, etc.

Conditionnel présent.   *n'ädi-är më*
    j'ädiy'-rö, etc.   *n'ädi-ör më*
      Impératif.   Subjonctif présent et imp.
       ädiy'   Sing. *cë j'ädi-ès'*
       etc.   etc.
    Impératif négatif.   Plur. *cë j'ädi-i~s'*
     n'ädi-ér më   etc.

Sur ce verbe conjuguez 1° un certain nombre de verbes en *ië* comme *natië* nettoyer.

    2° Les verbes en *iyë*.

    Remarque. Quelques verbes comme *cacië*, *gägië* font au singulier du présent de l'indicatif : *jë cacëy'*, *jë gägëy'*, mais au pluriel *jë cacià*, *jë gägià*.

Verbe *älïr* (choisir).

Ind. prés.	Conditionnel présent.
j'äli	*j'älï-rö*
t'äli	etc.
l'äli	Impératif.
j'älih-ä	*äli*
v'älih-ö	etc.
l'älihh	Impératif négatif.
Imparfait.	*n'älih-ér më*
j'älih-ö	*n'älih-är më*
etc.	*n'älih-ör më*
Futur.	Subjonctif présent et imp.
j'älï-rä	Sing. *cë j'älih-ès*, etc.
etc.	Plur. *cë j'älih-i~s*, etc.

Sur ce verbe conjuguez certains verbes dont l'infinitif est en *i* comme *fiëri*.

'Le verbe *dïr* (dire) se conjugue ainsi : Prés. ind. *jë di*, etc., *jë d'hhä.* Imp. *jë dëhö*, etc. Futur *jë dïrä*, etc. Subj. *cë jë dëhès'*, etc.

Verbe *buér* (boire).

Indic. prés.	Futur.
jë buo	*jë bué-rä*
të buo	etc.
i buo	Conditionnel présent.
jë bov-ä	*jë bué-rö*
vë bov-ö	Impératif.
i buo-n	*buo*
Imparfait.	*bov-ä*
Sing. *jë bovö*	*bov-ö*
etc.	Impératif négatif.
Plur. *jë bovi~*	*në bov-ér më*

në bov-ăr më   Subjonctif présent et imp.
në bov-ör më   *cë jë bov-ès'*
                         etc.

Verbe *chër* (tomber).

Indic. prés.	Conditionnel présent.
jë chë	*jë chör-ö*
të chë	Impératif.
i chë	*chë*
jë chèy-ã	*chèy-ã*
vë chèy-ö	*chèy-ö*
i chë-n	Impératif négatif.
Imparfait.	*në chèy-ér më*
jë chèy-ö	etc.
etc.	Subjonctif.
Futur présent.	*cë jë chèy'-ès'*
jë chö-rä	
etc.	

Verbe *păr* (prendre).

Ind. prés.	Conditionnel.
jë prã	*jë pã-rö*
të prã	Impératif.
i prã	*prã*
jë prën-ã	*prën-ã*
vë prën-ö	*prën-õ*
i prã-n	Impératif négatif.
Imparfait.	*në prën-ér më*
jë prën-ö	etc.
etc.	Subjonctif présent et imp.
Futur.	*cë jë prën-ès'*
jë pã-rä	etc.
etc.	

Verbe *crör* (croire).

Ind. prés.	Imparfait.
jë crö	*jë crèy'-ö*
të crö	etc.
i crö	Futur.
jë crèy'-ã	*jë crö-rä*
vë crèy'-ö	etc.
i crö-n	

Verbe *conahh* (connaître).

Indicatif présent.

jë cona
të cona
i cona
jë conhh-ã

vë conhh-ö
i conahh
Imparfait.
jë conhh-ö
etc.

Verbe *mat'* (mettre).

jë ma
të ma
i ma
jë mat-ã

vë mat-ö
i mat'
Imparfait.
je mat-ö
Etc.

Imprimerie Gouverneur, G. Daupeley à Nogent-le-Rotrou.

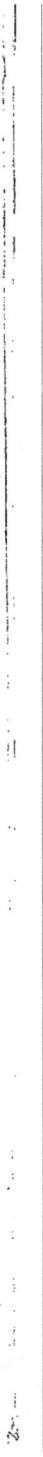

www.ingramcontent.com/pod-product-compliance
Lightning Source LLC
LaVergne TN
LVHW022204080426
835511LV00008B/1553